MELANIE WIPPERT

TRAUMRASSE

ARABER

Bibliografische Information der Deutschen Nationalbibliothek
Die Deutsche Nationalbibliothek verzeichnet diese Publikation in der Deutschen Nationalbibliografie,
detaillierte bibliografische Daten sind im Internet über http://dnb.d-nb.de abrufbar

In diesem Buch nutzen wir manchmal geschlechtsneutrale Begriffe, um den Text flüssiger und leichter lesbar zu gestalten. Das bedeutet jedoch nicht, dass wir die Bedeutung des Geschlechts ignorieren oder herabsetzen. Wir erkennen und schätzen die Vielfalt und Einzigartigkeit jedes Einzelnen. In Fällen, in denen eine geschlechtsspezifische Differenzierung für das Verständnis wichtig ist, haben wir diese beibehalten. Bitte verstehen Sie diese vereinfachte Sprache als Teil unseres Bestrebens, das Lesen für alle so angenehm wie möglich zu gestalten. Danke, dass Sie ein Teil unserer Lese-Community sind.

1. Auflage Juni 2024

Herstellung und Verlag: BoD – Books on Demand, Norderstedt
ISBN: 9783758382949
Bildnachweis:
Cover und Fotos im Buch: adobe stock, Pixabay, Wikipedia, Ki-generiert
Illustrationen im Buch: adobe stock - Igor Zakowski, adobe stock - ilyakalinin

Inhaltsverzeichnis

Liebe Leserinnen und Leser,

willkommen in der faszinierenden Welt der Araberpferde, einer Rasse, die durch ihre Schönheit, Intelligenz und Leistungsfähigkeit die Herzen von Pferdeliebhabern auf der ganzen Welt erobert hat. Dieses Buch wurde speziell für Neulinge in der Welt der Araberpferde konzipiert und soll als umfassender Leitfaden dienen, um Ihnen den Einstieg in das Abenteuer des Besitzes und Reitens dieser außergewöhnlichen Tiere zu erleichtern.

Die Entscheidung, ein Araberpferd in Ihr Leben zu bringen, ist der Beginn einer spannenden Reise. Araber sind nicht nur für ihre beeindruckende Ausdauer und ihre sensiblen Naturen bekannt, sondern auch für ihre tiefe Verbundenheit mit den Menschen, mit denen sie leben. In diesem Buch möchten wir Ihnen sowohl das notwendige Wissen vermitteln, das Sie als zukünftiger Pferdebesitzer benötigen, als auch Ihre Begeisterung für die vielfältigen Aspekte des Reitens und der Pflege dieser edlen Rasse wecken.

Wir beginnen mit einem historischen Überblick, der die Ursprünge und die kulturelle Bedeutung der Araberpferde beleuchtet, gefolgt von einer detaillierten Beschreibung ihrer charakteristischen Merkmale und des Temperaments. Wir führen Sie durch die wichtigsten Überlegungen, die vor dem Kauf eines Araberpferdes anzustellen sind, und bieten praktische Ratschläge für die tägliche Pflege, von der richtigen Ernährung bis zur Fellpflege.

Des Weiteren decken wir die Grundlagen des Trainings und der Erziehung ab und erkunden verschiedene Reitstile und Disziplinen, die besonders gut zu den Fähigkeiten des Arabers passen. Sie erhalten zudem nützliche Tipps zur Auswahl der richtigen Ausrüstung und erfahren, wie Sie sich und Ihr Pferd auf Wettbewerbe vorbereiten können.

Dieses Buch soll nicht nur ein Ratgeber sein, sondern auch eine Quelle der Inspiration. Es enthält Geschichten und Einsichten, die die besondere Beziehung zwischen Araberpferden und ihren Reitern verdeutlichen. Unser Ziel ist es, Ihnen das Rüstzeug an die Hand zu geben, damit Sie und Ihr Araber eine sichere, freudige und erfüllende Zeit zusammen haben.

Wir laden Sie ein, die Seiten dieses Buches zu durchblättern und sich auf eine bereichernde Reise mit Ihrem Araberpferd zu begeben. Ob Sie sich für die Geschichte, die Pflege, das Training oder das Reiten interessieren, hier finden Sie wertvolle Informationen und Anregungen, die Ihre Erfahrungen mit Ihrem Araberpferd prägen werden. Willkommen in der Gemeinschaft der Araberpferdebesitzer – eine Welt, die ebenso anspruchsvoll wie belohnend ist.

Viel Freude auf Ihrem Weg mit den Araberpferden!

Ihre Melanie Wippert & Team

GESCHICHTE UND URSPRUNG DES ARABERPFERDES

Das Araberpferd ist eine der ältesten Pferderassen der Welt und zeichnet sich durch eine beeindruckende Kombination aus Eleganz, Ausdauer und Intelligenz aus.

Diese Merkmale haben es zu einem geschätzten Begleiter in seiner Heimat auf der Arabischen Halbinsel gemacht und seine Zucht hat weltweit einen nachhaltigen Einfluss auf viele andere Pferderassen ausgeübt.

Ursprung und frühe Verbreitung

Araberpferde stammen ursprünglich aus der Arabischen Halbinsel, wo sie seit Jahrtausenden von Beduinen gezüchtet werden.

Diese nomadischen Völker legten großen Wert auf die Reinheit der Blutlinien und die Leistungsfähigkeit ihrer Pferde, die sie zum Überleben in der harschen Wüstenlandschaft benötigten.

Die Araberpferde wurden in den Familien der Beduinen aufgezogen, was zu einer engen Mensch-Tier-Bindung und einem ausgeprägten sozialen Verhalten bei den Pferden führte.

Kulturelle und historische Bedeutung

Im Laufe der Geschichte wurden Araberpferde als Kriegs- und Handelspferde geschätzt.

Ihre Fähigkeit, lange Strecken schnell und mit Ausdauer zurückzulegen, machte sie zu wertvollen Assets für die Armeen des Nahen Ostens.

In der Kunst und Literatur symbolisieren Araberpferde Freiheit und Adel und spielen eine zentrale Rolle in vielen kulturellen Überlieferungen, einschließlich der „Tausendundeiner Nacht".

Einfluss auf die europäische Pferdezucht

In Europa revolutionierten Araberpferde die lokale Pferdezucht.

Ihr genetischer Einfluss ist besonders im Englischen Vollblüter sichtbar, der aus der Kreuzung von lokalen Stuten mit arabischen, berberischen und türkischen Hengsten entstanden ist.

Drei Araberhengste – der Byerley Turk, der Darley Arabian und der Godolphin Arabian – werden als Gründerväter des Englischen Vollblüters betrachtet, einer Rasse, die für ihre Rennleistung bekannt ist.

Globaler Einfluss

Araberpferde beeinflussten auch die Pferdezucht in Amerika, wo sie zur Entwicklung von Rassen wie dem American Quarter Horse beitrugen, das für seine Sprintstärke bekannt ist.

In Russland und Polen halfen sie bei der Entwicklung von Rassen wie dem Orlov-Traber. Diese Einflüsse manifestieren sich in verbesserter Ausdauer, gutem Temperament und physischer Eleganz.

Moderne Bedeutung und Zucht

Heute wird das Araberpferd weltweit für seine Schönheit, Intelligenz und Leistungsfähigkeit geschätzt und in reinen Zuchten sowie als Verbesserer für viele andere Rassen eingesetzt.

Das Erbe der Araberpferde ist in vielen modernen Pferderassen sichtbar und ein Beleg für ihre dauerhafte Bedeutung in der Geschichte der Pferdezucht.

Die Entwicklung des Araberpferdes und sein Einfluss auf die globale Pferdezucht ist nicht nur ein Beweis für seine außergewöhnlichen Eigenschaften, sondern auch für die tiefe Verbindung zwischen diesen edlen Tieren und den Menschen.

Araberpferde sind mehr als nur eine Pferderasse; sie sind ein wesentlicher Bestandteil der kulturellen Geschichte und haben die Pferdezucht weltweit geprägt.

Ihre Geschichte ist ein faszinierendes Kapitel in der Menschheitsgeschichte, das von gegenseitigem Respekt und einer tiefen, fortwährenden Verbundenheit zwischen Mensch und Pferd erzählt.

Beduine und Araber.

„Wo auch immer Menschen ihre Fußabdrücke hinterlassen haben, findet man Hufabdrücke neben ihnen…"

VERFASSER UNBEKANNT

Typischer Araberkopf.

CHARAKTERISTISCHE MERKMALE DES ARABERPFERDES

Das Araberpferd, oft als Inbegriff der Schönheit und Eleganz in der Welt der Pferde betrachtet, zeichnet sich durch eine Reihe charakteristischer physischer Merkmale sowie ein unverwechselbares Verhalten und Temperament aus.

Diese Aspekte machen die Rasse nicht nur ästhetisch ansprechend, sondern auch zu einem geschätzten Partner für Reiter und Züchter weltweit.

Temperamentvoll.

Physische Beschreibungen

Kopfform:

Das Araberpferd hat einen einzigartigen Kopf, der oft als einer der markan-
testen Aspekte seiner Erscheinung betrachtet wird.
Der Kopf ist im Allgemeinen klein und keilförmig mit einem ausgeprägten
Profil, das oft eine leichte Konkavität (eine „dish"-Form) aufweist.
Diese Besonderheit wird von einem breiten Stirnbein und großen, ausdrucks-
vollen Augen, die weit auseinander liegen, akzentuiert. Die Nüstern sind groß
und offen, was die atemberaubende Fähigkeit des Arabers zur Atmung

während intensiver Anstrengungen unterstreicht.

Körperbau:

Araberpferde haben einen kompakten und robusten Körperbau mit einem relativ kurzen, geraden Rücken und einer tiefen Brust, die eine effiziente Atmung und starke Herz- und Lungenfunktion unterstützt. Ihr Hals ist lang und bogenförmig, oft hoch angesetzt, was ihnen ein majestätisches Erscheinungsbild verleiht. Der Schwanz wird typischerweise hoch getragen, besonders in Bewegung, was dem Araber ein edles und lebhaftes Aussehen verleiht.

Gangarten:

Die Gangarten des Araberpferdes sind fließend und effizient, mit einer natürlichen Fähigkeit zur Bewegung, die Energie und Ausdauer spart. Ihre Bewegungen sind oft schwungvoll mit einem ausgeprägten Federungsvermögen, das ihnen eine elegante und anmutige Fortbewegung ermöglicht. In der Galoppade zeigen sie häufig einen beeindruckenden Schwung, während ihr Trab leicht und elastisch ist, was ihnen auf der Showbühne und in der Dressur zu großer Beliebtheit verhilft.

Verhalten und Temperament:

Araberpferde sind für ihr intelligentes, sensibles und personenbezogenes Temperament bekannt. Diese Eigenschaften machen sie zu außergewöhnlichen Partnern für ihre menschlichen Gefährten.

Intelligenz:

Araber sind außerordentlich lernfähig und haben ein gutes Gedächtnis, was sie in Disziplinen, die ein hohes Maß an Training und Verständnis erfordern, wie Dressur und Trail-Wettbewerbe, sehr erfolgreich macht. Ihre Fähigkeit, schnell zu lernen und zu adaptieren, macht sie zu wertvollen Arbeitstieren und Showpferden.

Sensibilität:

Eines der hervorstechendsten Merkmale von Araberpferden ist ihre Sensibilität. Sie reagieren stark auf die Stimmung und das Verhalten der Menschen um sie herum, was eine besonders vorsichtige und respektvolle Handhabung erfordert. Diese Sensibilität kann eine Herausforderung darstellen, führt jedoch bei richtiger Handhabung zu einer tiefen Bindung zwischen Pferd und Reiter.

Energiegeladen.

Personenbezogenheit:

Araber bauen intensive Beziehungen zu ihren Besitzern auf und sind bekannt dafür, besonders treue und liebevolle Tiere zu sein. Sie interagieren gerne mit Menschen und können eine ausgeprägte Persönlichkeit zeigen, die sie in der Welt der Pferde besonders macht.

Das Araberpferd ist eine Rasse, die sowohl durch physische als auch durch temperamentvolle Eigenschaften beeindruckt. Ihre einzigartige Kombination aus Kopfform, Körperbau und Gangarten verleiht ihnen eine unverwechselbare Präsenz, während ihr intelligentes, sensibles und personenorientiertes Verhalten sie zu hoch geschätzten Gefährten macht. Diese charakteristischen Merkmale sind das Ergebnis jahrhundertelanger Zucht und Pflege und machen Araberpferde zu einer der faszinierendsten Pferderassen der Welt.

DIE ANSCHAFFUNG EINES ARABERPFERDES.

Die Auswahl eines Araberpferdes kann eine aufregende und bedeutende Entscheidung sein, die sorgfältige Überlegungen und ein gutes Verständnis der spezifischen Bedürfnisse dieser edlen Rasse erfordert.

Ob für Freizeit, Show oder Wettbewerb, die richtige Wahl zu treffen, erfordert ein umfassendes Wissen über mehrere Schlüsselfaktoren, die die Gesundheit, das Wohlbefinden und die Leistungsfähigkeit des Pferdes beeinflussen.

Für welche Disziplin?

Hier sind einige wichtige Aspekte, die bei der Auswahl eines Araberpferdes berücksichtigt werden sollten:

Worauf man bei der Auswahl eines Araberpferdes achten sollte

Zweck und Disziplin:

Zunächst sollte man sich überlegen, für welche Zwecke das Araberpferd eingesetzt werden soll.

Die Vielseitigkeit der Araber ermöglicht ihren Einsatz in verschiedenen

Disziplinen wie Distanzreiten, Dressur, Springreiten, Westernreiten oder als Freizeitpferd.

Abhängig von der geplanten Nutzung sollten spezifische Eigenschaften wie Temperament, Konformation und bereits vorhandene Ausbildung berücksichtigt werden.

Konformation:

Die körperliche Struktur und der allgemeine Körperbau sollten gründlich bewertet werden.

Ein gut konformiertes Araberpferd hat einen ausgeglichenen Körperbau mit einem gut proportionierten Kopf, einem starken Rücken und einer korrekten Beinstellung.

Besondere Aufmerksamkeit sollte der Qualität der Hufe und der Struktur der Beine gewidmet werden, da diese für die Gesundheit und Leistungsfähigkeit des Pferdes von entscheidender Bedeutung sind.

Temperament:

Araber sind bekannt für ihr lebhaftes Temperament und ihre Intelligenz. Ein ideales Araberpferd sollte ausgeglichen, aufmerksam und kooperativ sein, aber auch die für Araber typische Sensibilität zeigen.

Es ist wichtig, ein Pferd zu wählen, dessen Temperament sowohl zu den eigenen Reiterfähigkeiten als auch zu den geplanten Aktivitäten passt.

Überlegungen zu Alter, Gesundheitsstatus und Trainingsniveau

Alter:

Das Alter des Pferdes ist ein wesentlicher Faktor, der sowohl die Trainierbarkeit als auch die Art der möglichen Aktivitäten beeinflusst.

Junge Pferde benötigen umfangreiche Ausbildung und sind ideal für erfahrene Reiter oder solche, die bereit sind, Zeit und Ressourcen in ihre Entwicklung zu investieren.

Ältere Pferde können aufgrund ihrer Erfahrung und ihres oft ruhigeren Temperaments besser für Anfänger oder als Freizeitpferde geeignet sein.

Gesundheitsstatus:

Eine gründliche tierärztliche Untersuchung ist unerlässlich, bevor eine Kaufentscheidung getroffen wird.

Dazu gehören Allgemeinuntersuchungen, Überprüfung auf erbliche Krankheiten, die bei Arabern vorkommen können, wie z.B. die Cerebelläre Abiotrophie, sowie spezifische Checks wie Röntgenaufnahmen zur Bewertung der Gelenke und Knochen.

Ein gesundes Araberpferd sollte frei von chronischen Erkrankungen sein und einen guten Ernährungszustand aufweisen.

Trainingsniveau:

Das aktuelle Trainingsniveau des Pferdes muss mit den eigenen Fähigkeiten und Zielen abgeglichen werden.

Ein gut ausgebildetes Pferd ist wertvoll, aber es muss zu den Fertigkeiten und der Erfahrung des Reiters passen.

Es ist wichtig, das Trainingsniveau durch direkte Beobachtung, durch den Reitlehrer oder durch eine Vertrauensperson zu bewerten.

Die Auswahl eines Araberpferdes ist eine Entscheidung, die weitreichende Konsequenzen für die Zufriedenheit und Sicherheit des Reiters sowie für die Gesundheit und das Glück des Pferdes hat.

Indem man sorgfältig die oben genannten Punkte berücksichtigt und sich Zeit nimmt, ein Pferd zu finden, das gut zu den eigenen Bedürfnissen und Fähigkeiten passt, kann diese Entscheidung eine der lohnendsten Erfahrungen im Leben eines Pferdeliebhabers sein.

VIELLEICHT IST AUCH EINE TEILHABER-SCHAFT BEI EINEM ARABER SINNVOLL?

Der Besitz eines Pferdes, insbesondere eines edlen Araberpferdes, ist für viele ein lang gehegter Traum.

Allerdings bringt der Kauf und die Pflege eines Pferdes erhebliche finanzielle und zeitliche Verpflichtungen mit sich.

Eine Teilhaberschaft kann eine attraktive Alternative sein, die es ermöglicht, die Freuden des Pferdebesitzes zu erleben, ohne die volle Last der Verantwortung alleine tragen zu müssen.

Im Folgenden werden die verschiedenen Aspekte einer Teilhaberschaft an einem Araberpferd ausführlich beleuchtet.

Finanzielle Aspekte

1. Anschaffungskosten:
Der Kauf eines Araberpferdes kann je nach Abstammung, Ausbildung und Alter mehrere Tausend bis Zehntausend Euro kosten. In einer Teilhaberschaft werden diese Kosten unter den Teilhabern aufgeteilt, was die anfängliche finanzielle Belastung erheblich reduziert.

2. Laufende Kosten:
Unterbringung: Die Stallmiete kann monatlich zwischen 200 und 600 Euro oder mehr kosten, abhängig von den Stallbedingungen und der Region. In einer Teilhaberschaft teilen sich die Partner diese Kosten.

Futter und Pflege: Die Kosten für Futter, Hufpflege, Tierarztbesuche und Impfungen können sich auf mehrere Hundert Euro pro Monat belaufen. Auch hier bietet eine Teilhaberschaft finanzielle Entlastung durch die Aufteilung dieser Ausgaben.

Versicherungen: Haftpflicht- und Krankenversicherungen sind notwendig und kostenpflichtig. Die Prämien können in einer Teilhaberschaft ebenfalls aufgeteilt werden.

3. Unvorhergesehene Kosten:
Tierarztrechnungen für plötzliche Erkrankungen oder Verletzungen können hoch sein. Eine gemeinsame Übernahme dieser Kosten kann das finanzielle Risiko verringern.

Zeitliche Aspekte

1. Tägliche Pflege und Bewegung:
Pferde benötigen tägliche Pflege und Bewegung. Dies umfasst das Füttern, Ausmisten des Stalls, und das Bewegen des Pferdes durch Reiten oder Longieren. In einer Teilhaberschaft können diese Aufgaben zwischen den Partnern aufgeteilt werden, was den Zeitaufwand für den Einzelnen reduziert.

2. Flexibilität:
Eine Teilhaberschaft bietet mehr Flexibilität. Wenn ein Teilhaber krank ist, Urlaub macht oder aus anderen Gründen verhindert ist, können die anderen Teilhaber die Pflege übernehmen. Dies verhindert, dass das Pferd vernachlässigt wird und bietet jedem Teilhaber mehr Freizeit.

3. Training und Weiterbildung:

Pferde profitieren von regelmäßigem Training. In einer Teilhaberschaft können sich die Partner absprechen, um sicherzustellen, dass das Pferd regelmäßig und konsistent trainiert wird.

Dies ist besonders wichtig für die Ausbildung und das Wohlbefinden des Pferdes.

Soziale Aspekte

1. Gemeinschaft und Austausch:
Eine Teilhaberschaft fördert den Austausch und die Gemeinschaft zwischen den Teilhabern. Dies kann zu einer bereichernden Erfahrung werden, bei der man voneinander lernt und gemeinsame Erlebnisse teilt.

Gemeinsame Ausritte, Trainingseinheiten oder sogar Teilnahme an Wettbewerben können das Gemeinschaftsgefühl stärken und zu lang anhaltenden Freundschaften führen.

2. Verantwortungsaufteilung:
Die Verantwortung für das Wohl des Pferdes wird geteilt. Dies kann den Stress und Druck verringern, der oft mit dem alleinigen Besitz eines Pferdes einhergeht.
Entscheidungen bezüglich Pflege, Training und Gesundheitsvorsorge können gemeinsam getroffen werden, was zu besseren Ergebnissen für das Pferd führen kann.

Rechtliche Aspekte
1. Vertragliche Vereinbarungen:

Eine klare vertragliche Vereinbarung ist entscheidend für eine erfolgreiche Teilhaberschaft. Der Vertrag sollte alle relevanten Aspekte regeln, darunter finanzielle Beiträge, Pflichten und Rechte der Teilhaber, Entscheidungsprozesse und die Regelungen im Falle von Meinungsverschiedenheiten oder Beendigung der Teilhaberschaft.

Der Vertrag sollte auch festlegen, wie die Aufteilung der Nutzung des Pferdes geregelt ist, um sicherzustellen, dass alle Teilhaber fairen Zugang haben.

2. Versicherung:

Es ist wichtig, dass das Pferd haftpflichtversichert ist, um potenzielle Schäden abzudecken, die das Pferd verursachen könnte. In einer Teilhaberschaft sollten alle Teilhaber in die Versicherungspolice eingeschlossen werden.

Eine Krankenversicherung für das Pferd kann ebenfalls sinnvoll sein, um unvorhergesehene Tierarztkosten abzudecken.

Emotionale Aspekte

1. Bindung zum Pferd:
Eine Teilhaberschaft kann es ermöglichen, eine enge Bindung zu einem Pferd aufzubauen, ohne die volle Verantwortung und den damit verbundenen Stress zu tragen. Dies kann besonders vorteilhaft für Menschen sein, die noch keine Erfahrung im Pferdebesitz haben.
Durch die gemeinsame Pflege und Betreuung des Pferdes können die Teilhaber eine starke emotionale Verbindung zu dem Tier aufbauen.

2. Konfliktpotenzial:

Wie in jeder Partnerschaft können auch in einer Teilhaberschaft Konflikte auftreten. Es ist wichtig, von Anfang an klare Kommunikationswege zu etablieren und regelmäßige Treffen zu vereinbaren, um eventuelle Missverständnisse oder Meinungsverschiedenheiten zu klären.

Eine gute Zusammenarbeit und die Bereitschaft, Kompromisse einzugehen, sind entscheidend für den langfristigen Erfolg der Teilhaberschaft.

Fazit
Eine Teilhaberschaft an einem Araberpferd kann eine sinnvolle und attraktive Alternative zum vollständigen Kauf eines Pferdes sein. Sie bietet die Möglichkeit, die Freuden und Herausforderungen des Pferdebesitzes zu erleben, ohne die volle finanzielle und zeitliche Last alleine tragen zu müssen. Durch die gemeinsame Verantwortung und die Aufteilung der Kosten und Pflichten können die Teilhaber die Vorteile des Pferdebesitzes genießen und gleichzeitig eine ausgewogene Balance zwischen Freizeit und Verpflichtungen finden.

Mit einer sorgfältigen Planung, klaren vertraglichen Vereinbarungen und einer offenen Kommunikation kann eine Teilhaberschaft eine bereichernde und erfüllende Erfahrung sein, sowohl für die Teilhaber als auch für das Pferd.

WELCHE HALTUNG, WELCHER STALL?

Die Wahl des richtigen Stalls und der passenden Haltungsform für dein Araberpferd ist von entscheidender Bedeutung für sein Wohlbefinden, seine Gesundheit und sein Verhalten.

Verschiedene Faktoren wie die individuellen Bedürfnisse des Pferdes, die verfügbare Infrastruktur, das örtliche Klima und die persönlichen Vorlieben des Besitzers spielen dabei eine Rolle.

Ein detaillierter Blick auf verschiedene Aspekte der Stallhaltung kann dabei helfen, die beste Entscheidung zu treffen:

Offenstallhaltung:

Die Offenstallhaltung bietet Araberpferden eine Umgebung, die ihrem natürlichen Herdenverhalten entspricht.

In einem Offenstall haben die Pferde viel Platz zum Bewegen, Sozialkontakt mit Artgenossen und Zugang zu frischer Luft und Weidegras.

Dies ermöglicht eine natürliche Bewegung und fördert das Wohlbefinden der Pferde.

Der Offenstall eignet sich besonders gut für Araberpferde, die viel Bewegung und freie Bewegungsmöglichkeiten benötigen.

Aktivstallhaltung:

Ein Aktivstall ist eine moderne Stallform, die speziell darauf ausgelegt ist, den Pferden Bewegungsanreize und Beschäftigungsmöglichkeiten zu bieten.

In einem Aktivstall können Araberpferde verschiedene Aktivitäten wie Futter suchen, Klettern, Herumtollen und Spielen ausführen, was ihrer natürlichen Neugier und ihrem Bewegungsdrang entgegenkommt.

Die Aktivstallhaltung fördert die physische und mentale Gesundheit der Pferde und bietet ihnen eine abwechslungsreiche Umgebung.

Boxenhaltung mit täglichem Weidegang:

Wenn kein Offenstall oder Aktivstall verfügbar ist, kann eine Boxenhaltung mit täglichem Weidegang eine gute Option sein.

In einer Box hat das Araberpferd einen geschützten Bereich zum Ausruhen und Schlafen, während der tägliche Weidegang ihm die Möglichkeit bietet, sich frei zu bewegen und frische Luft zu schnappen.

Es ist wichtig, sicherzustellen, dass die Box ausreichend groß ist, damit sich das Pferd darin frei bewegen kann, und dass es regelmäßigen Auslauf bekommt, um seine natürlichen Bedürfnisse zu befriedigen.

Stallklima und Belüftung:

Unabhängig von der Art der Stallhaltung ist ein gutes Stallklima und eine ausreichende Belüftung von entscheidender Bedeutung für das Wohlbefinden der Araberpferde.

Der Stall sollte gut belüftet sein, um eine gute Luftzirkulation zu ermöglichen und die Bildung von Schimmel und Feuchtigkeit zu vermeiden.

Im Sommer sollte der Stall kühl und schattig sein, während er im Winter ausreichend geschützt und isoliert sein sollte, um vor Kälte und Zugluft zu schützen.

Fütterung und Tränke:

Der Stall sollte über ausreichend Futter- und Tränkemöglichkeiten verfügen, die den individuellen Bedürfnissen der Araberpferde gerecht werden.

Frisches Wasser sollte jederzeit in ausreichender Menge zur Verfügung stehen, und das Futterangebot sollte den ernährungsphysiologischen Anforderungen entsprechen, um eine ausgewogene Ernährung sicherzustellen.

Es ist wichtig, die Fütterung auf die Bedürfnisse des einzelnen Pferdes abzustimmen und Überfütterung sowie Mangelernährung zu vermeiden.

Pflege und Unterbringung:

Ein gut gepflegter Stall mit regelmäßiger Reinigung und Desinfektion trägt zur Gesundheit und Hygiene der Araberpferde bei.

Der Stall sollte über ausreichend Platz für die Lagerung von Futter, Einstreu und Pflegeutensilien verfügen, und die Boxen oder Paddocks sollten regelmäßig gemistet und instand gehalten werden, um Verletzungsgefahren zu minimieren.

Eine regelmäßige Pflege wie das Bürsten des Fells, das Reinigen der Hufe und das Entfernen von Schmutz und Staub ist ebenfalls wichtig, um die Gesundheit und das Wohlbefinden der Pferde zu erhalten.

Insgesamt ist die Wahl des richtigen Stalls für dein Araberpferd eine wichtige Entscheidung, die sorgfältig getroffen werden sollte, um sicherzustellen, dass das Pferd eine sichere, gesunde und artgerechte Umgebung hat, in der es sich wohl fühlen kann.
Es ist wichtig, die Bedürfnisse des Pferdes sowie die örtlichen Gegebenheiten und die persönlichen Präferenzen des Besitzers zu berücksichtigen, um die

bestmögliche Haltung und Unterbringung zu gewährleisten.

Die Auswahl des richtigen Stalls für dein Araberpferd wird nicht nur von den Bedürfnissen des Pferdes und den örtlichen Gegebenheiten beeinflusst, sondern auch von der von dir praktizierten Reitsportart und den damit verbundenen Anforderungen.

Jede Reitsportart hat ihre eigenen spezifischen Anforderungen an die Haltung und Unterbringung der Pferde, die bei der Stallwahl berücksichtigt werden müssen.

Wenn du beispielsweise im Springreiten aktiv bist, benötigt dein Araberpferd möglicherweise einen Stall mit ausreichend Platz für das Springtraining, einschließlich eines gut gepflegten Springplatzes oder eines Parcours.

Ein Stall in der Nähe von Reitwegen oder Geländestrecken wäre ideal für Vielseitigkeitsreiter, die gerne im Gelände trainieren.

Dressurreiter hingegen benötigen möglicherweise einen Stall mit einem großen Reitplatz und guten Bodenverhältnissen für das Dressurtraining.

Die Kosten spielen natürlich auch eine wichtige Rolle bei der Stallwahl. Ein Stall mit umfangreichen Einrichtungen und Dienstleistungen kann teurer sein als ein einfacherer Stall ohne diese Annehmlichkeiten. Es ist wichtig, die monatlichen Stallgebühren sowie eventuelle zusätzliche Kosten für Dienstleistungen wie Futter, Einstreu, Tierarzt- und Hufschmiedbesuche sowie Training und Unterricht zu berücksichtigen.

Ein weiterer Faktor bei der Stallwahl ist die Verfügbarkeit von Trainern, Ausbildern und anderen Reitsportlern, die deine Reitsportart praktizieren. Ein Stall, der eine aktive Reitsportszene hat und regelmäßig Turniere, Trainingskurse und Veranstaltungen anbietet, kann für dich und dein Araberpferd von Vorteil sein, da es dir die Möglichkeit bietet, dich weiterzuentwickeln, zu trainieren und von anderen Reitern zu lernen.

Insgesamt ist die Wahl des richtigen Stalls eine individuelle Entscheidung, die von verschiedenen Faktoren abhängt, darunter die Bedürfnisse des Pferdes, die Anforderungen deiner Reitsportart, die örtlichen Gegebenheiten und die finanziellen Möglichkeiten.
Es ist wichtig, sorgfältig zu prüfen, welche Option am besten zu deinen Bedürfnissen und Zielen passt, um eine optimale Haltung und Unterbringung für dein Araberpferd zu gewährleisten.

DIE ARBEIT EINES HUFSCHMIEDES

Die Arbeit eines Hufschmieds ist von entscheidender Bedeutung für die Gesundheit und Leistungsfähigkeit von Pferden. Ein Hufschmied ist ein Experte für die Pflege der Hufe und die Anpassung von Hufeisen, um die Hufe in einem optimalen Zustand zu halten und potenzielle Probleme zu vermeiden oder zu behandeln.

Hufpflege:

Die regelmäßige Hufpflege ist ein wesentlicher Bestandteil der Arbeit eines Hufschmieds. Dies umfasst das Ausschneiden und Formen der Hufe, um eine optimale Hufbalance und Hufmechanik zu gewährleisten. Der Hufschmied entfernt überschüssiges Horn, bearbeitet eventuelle Unregelmäßigkeiten und trimmt die Hufe so, dass sie eine gleichmäßige Belastung erhalten.

Hufbeschlag:

Ein wichtiger Teil der Arbeit eines Hufschmieds ist das Anpassen und Anbringen von Hufeisen. Je nach den Bedürfnissen des Pferdes und seiner Nutzung können verschiedene Arten von Hufeisen verwendet werden, einschließlich traditioneller Eisenhufeisen, Kunststoffbeschlägen oder speziellen Beschlagsystemen. Der Hufschmied passt die Hufeisen individuell an die Hufe des Pferdes an und befestigt sie sicher, um eine optimale Unterstützung und Dämpfung zu gewährleisten.

Behandlung von Hufproblemen:

Hufschmiede sind auch dafür verantwortlich, Hufprobleme zu erkennen und zu behandeln. Dazu gehören Probleme wie Hufabszesse, Hufrehe, Hufrolle und Hufknorpelentzündung. Der Hufschmied arbeitet eng mit Tierärzten zusammen, um die richtige Diagnose zu stellen und einen geeigneten Behandlungsplan zu entwickeln, der eine Kombination aus Hufpflege, Beschlag und medizinischer Behandlung umfassen kann.

Beratung und Schulung:

Ein erfahrener Hufschmied fungiert oft auch als Berater und Trainer für Pferdebesitzer und Reiter. Er gibt Empfehlungen zur Hufpflege, zum Hufbeschlag und zur allgemeinen Hufgesundheit und kann Schulungen und Demonstrationen zur richtigen Hufpflege und zum richtigen Umgang mit den Hufen anbieten.

Weiterbildung und Forschung:

Die Arbeit eines Hufschmieds erfordert ständige Weiterbildung und Weiterentwicklung, um mit den neuesten Entwicklungen in der Hufpflege und im Hufbeschlag Schritt zu halten. Viele Hufschmiede nehmen an Fortbildungen, Seminaren und Workshops teil und betreiben eigene Forschung, um ihr Fachwissen zu erweitern und ihre Fähigkeiten zu verbessern.

Insgesamt spielt der Hufschmied eine entscheidende Rolle bei der Erhaltung der Gesundheit und Leistungsfähigkeit von Pferden durch die richtige Pflege und Behandlung ihrer Hufe. Seine Fachkenntnisse und Fähigkeiten sind für die Sicherheit und das Wohlbefinden der Pferde unerlässlich und tragen dazu bei, dass sie ihr volles Potenzial entfalten können.

DIE GRUNDLAGEN DER PFERDEPFLEGE

Die tägliche Pflege eines Araberpferdes umfasst mehrere wichtige Aspekte, darunter die Fütterung, die Fellpflege und die Hufpflege.

Diese grundlegenden Pflegepraktiken sind entscheidend für die Gesundheit und das Wohlbefinden des Pferdes.

Eine sorgfältige und systematische Pflege fördert nicht nur das äußere Erscheinungsbild des Pferdes, sondern spielt auch eine wesentliche Rolle bei der Vorbeugung von Krankheiten und gesundheitlichen Problemen.

Fütterung

Araberpferde, bekannt für ihre Ausdauer und Vitalität, benötigen eine ausgewogene Ernährung, die auf ihre spezifischen Aktivitätsniveaus und gesundheitlichen Anforderungen abgestimmt ist.

Die Ernährung sollte eine angemessene Mischung aus Energie, Proteinen, Fetten, Vitaminen und Mineralstoffen enthalten, um ihren hohen Energiebedarf zu decken.

Grundnahrung:

Heu sollte den Hauptteil der Ernährung ausmachen. Hochwertiges Heu sorgt für die notwendige Faserzufuhr und unterstützt eine gesunde Verdauung. Das Heu sollte frei von Schimmel und Staub sein, um respiratorische Probleme zu vermeiden.

Kraftfutter:

Je nach Arbeitsbelastung können zusätzliche Kraftfutterrationen erforderlich sein. Diese können aus speziellen Pellets oder Mischungen bestehen, die speziell für die Ernährungsbedürfnisse von Sportpferden entwickelt wurden. Es ist wichtig, das Kraftfutter entsprechend der Arbeitslast anzupassen, um Überfütterung und daraus resultierende Gesundheitsprobleme wie Koliken oder Hufrehe zu vermeiden.

Zusätze:

Ergänzungen können notwendig sein, um sicherzustellen, dass das Araberpferd alle notwendigen Vitamine und Mineralien erhält. Besonders in Betracht gezogen werden sollten Elektrolyte bei starker Beanspruchung und Omega-Fettsäuren zur Unterstützung von Haut und Fell.

Fellpflege

Regelmäßige Fellpflege ist nicht nur für das äußere Erscheinungsbild des Araberpferdes wichtig, sondern fördert auch die Gesundheit der Haut und stärkt die Bindung zwischen Pferd und Reiter.

Bürsten:

Das Pferd sollte täglich gebürstet werden, um Schmutz, Staub und lose Haare zu entfernen.
Dies fördert die Durchblutung und die natürliche Ölproduktion der Haut, was zu einem glänzenden Fell beiträgt.

Baden:

Baden sollte nicht zu häufig erfolgen, da dies die natürlichen Öle der Haut entfernen kann. Bei Bedarf sollte ein mildes Pferdeshampoo verwendet werden, und das Pferd muss gründlich ausgespült werden, um Shampoorückstände zu vermeiden, die Hautirritationen verursachen können.

Mähne und Schweif:

Diese sollten regelmäßig entwirrt und gepflegt werden, um Verknotungen zu vermeiden und das Haar gesund zu halten. Spezielle Conditioner können helfen, das Haar geschmeidig zu halten und das Kämmen zu erleichtern.

Hufpflege:

Die Hufe des Araberpferdes benötigen besondere Aufmerksamkeit, da sie die Grundlage für die Gesundheit und Leistungsfähigkeit des Pferdes darstellen.

Regelmäßiges Ausschneiden und Beschlagen:

Die Hufe sollten regelmäßig von einem qualifizierten Hufschmied gepflegt werden. Das Ausschneiden und gegebenenfalls Beschlagen sollte alle sechs bis acht Wochen erfolgen, um das Wachstum zu kontrollieren und die Hufgesundheit zu erhalten.

Tägliche Reinigung:

Die Hufe sollten täglich auf Steine, Nägel und andere Fremdkörper überprüft und gereinigt werden. Dies hilft, Hufkrankheiten wie Strahlfäule und Abszesse zu vermeiden.

Feuchtigkeitskontrolle:
Besonders in trockenen Klimazonen oder bei trockener Einstreu kann es notwendig sein, die Hufe regelmäßig zu befeuchten, um zu verhindern, dass sie spröde werden und rissig sind.

Eine umfassende tägliche Pflege ist entscheidend, um sicherzustellen, dass ein Araberpferd gesund, leistungsfähig und zufrieden bleibt. Diese Routinen sind nicht nur für die physische Gesundheit des Pferdes wesentlich, sondern auch für die Entwicklung einer tiefen, vertrauensvollen Beziehung zwischen Pferd und Halter.

Tägliche Fellpflege.

„Frage Dich nicht, was Dein Pferd für Dich tun kann,

sondern was Du für Dein Pferd tun kannst!"

RALF HEIL

Die Pflege eines Pferdes, insbesondere eines Arabers, ist eine umfangreiche und wichtige Aufgabe, die wesentlich zur Gesundheit, zum Wohlbefinden und zur Leistungsfähigkeit des Pferdes beiträgt.

Eine adäquate Pflege umfasst eine Vielzahl von Aspekten – von der täglichen Reinigung und Fütterung bis hin zur gesundheitlichen Überwachung.

Hier finden Sie einen umfassenden Überblick über die notwendige Ausrüstung und Methoden zur Pferdepflege, speziell ausgerichtet auf die Bedürfnisse der Araberrasse, die auch auf andere Pferderassen angewendet werden können.

Grundlegende Pflegeausrüstung

Putzzeug:

Hufkratzer:

Zur täglichen Reinigung der Hufe, um Schmutz, Steine und andere Fremdkörper zu entfernen, die zu Hufkrankheiten führen können.

Striegel und Kardätsche:

Für die tägliche Fellpflege; der Striegel löst Schmutz und tote Haut, während die Kardätsche das Fell glättet und den natürlichen Ölgehalt verteilt.

Mähnen- und Schweifbürste:

Zum Entwirren und Pflegen von Mähne und Schweif, wichtig für die Präsentation und Gesundheit dieser Haarpartien.

Schwämme und Tücher:

Für die Reinigung der Augen, Nüstern und des Genitalbereichs.

Pflegeprodukte:

Pferdeshampoo und Conditioner:

Spezielle Formulierungen für die gelegentliche gründliche Wäsche, die das natürliche Öl des Fells nicht entfernen.

Huföl oder -fett:

Zur Erhaltung der Feuchtigkeit der Hufe und Vorbeugung von Rissen.

Fliegenschutzmittel:
Um das Pferd vor Insektenstichen zu schützen, besonders wichtig in den Sommermonaten.

Ernährung und Gesundheitsmanagement

Fütterungsausrüstung:

Futtertröge und Wassereimer:

Robust und leicht zu reinigen, sollten regelmäßig desinfiziert werden, um Krankheiten vorzubeugen.

Heunetze oder Heuraufen:

Für eine gesunde Futteraufnahme und zur Reduzierung von Heuverschwendung.

Ergänzungsmittel:

Abgestimmt auf die individuellen Bedürfnisse jedes Pferdes, insbesondere bei Arabern, die für bestimmte Leistungsdisziplinen trainiert werden. Dies kann Elektrolyte, Vitamine und Minerale umfassen.

Regelmäßige Gesundheitsüberprüfungen

Regelmäßige tierärztliche Untersuchungen:
Einschließlich Impfungen, Entwurmung und allgemeiner Gesundheitschecks.

Zahnkontrolle:
Mindestens einmal jährlich, um Probleme beim Kauen und andere zahnbedingte Gesundheitsprobleme zu vermeiden.

Hufpflege:

Regelmäßige Termine beim Hufschmied sind entscheidend, da die Hufe von Araberpferden besondere Aufmerksamkeit erfordern, um ihre Form und Funktion zu erhalten.

Spezielle Überlegungen für Araberpferde

Araber sind bekannt für ihr feines Fell und ihre empfindliche Haut, was eine regelmäßige und gründliche Fellpflege erforderlich macht, um Hautirritationen zu vermeiden.

Ihre Sensibilität erfordert auch eine besonders sanfte Handhabung während der Pflege und beim Training.

Zudem sind sie sehr menschenbezogen und benötigen viel soziale Interaktion und geistige Anregung, um glücklich zu sein.

Die Pflege eines Araberpferdes, oder eines Pferdes allgemein, erfordert Engagement und Aufmerksamkeit für Details.

Die richtige Ausrüstung und Techniken sind entscheidend für die Aufrechterhaltung der Gesundheit und des Wohlbefindens.

Regelmäßige Pflege ist nicht nur eine Frage der Ästhetik, sondern spielt eine entscheidende Rolle für die Lebensqualität des Pferdes und seine Fähigkeit, als Reitpferd zu funktionieren.

Eine gut durchdachte Pflegeroutine stärkt zudem die Bindung zwischen Pferd und Besitzer und schafft eine Grundlage für ein vertrauensvolles und effektives Arbeitsverhältnis.

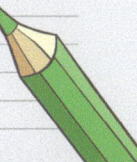

Sensible Tiere!

„Höre stets auf das, was dein Pferd dir mitzuteilen versucht."

MARK RASHID

STRIEGEL

MÄHNENBÜRSTE

HUFKRATZER

KARDÄTSCHE

WIE BAUE ICH VERTRAUEN AUF ZU MEINEM PFERD?

Spezielle Überlegungen für Vollblutaraber

Das Vertrauen zwischen Mensch und Pferd ist die Grundlage jeder erfolgreichen Beziehung und Zusammenarbeit.

Besonders bei Vollblutarabern, die für ihre Sensibilität, Intelligenz und lebhafte Natur bekannt sind, ist der Aufbau von Vertrauen entscheidend.

Dieser ausführliche Leitfaden zeigt Ihnen, wie Sie Schritt für Schritt Vertrauen zu Ihrem Pferd aufbauen können, unter Berücksichtigung der besonderen Charaktereigenschaften des Vollblutarabers.

Verstehen der besonderen Charaktereigenschaften eines Vollblutarabers
Vollblutaraber sind eine außergewöhnliche Pferderasse, die für ihre außergewöhnliche Intelligenz, Sensibilität, Energie und ihr ausgeprägtes Bedürfnis nach sozialer Interaktion bekannt ist.

Diese Eigenschaften machen sie zu herausragenden Begleitern, aber auch zu einer Herausforderung, wenn es darum geht, Vertrauen aufzubauen und zu pflegen.

Intelligenz:

Araber sind sehr klug und lernen schnell. Dies erfordert eine konsequente, aber flexible Herangehensweise im Training.

Sensibilität:

Sie reagieren stark auf die Emotionen und Körpersprache ihres Besitzers. Eine ruhige und einfühlsame Kommunikation ist daher unerlässlich.

Energie:

Araber sind von Natur aus sehr energiegeladen. Regelmäßige Bewegung und geistige Stimulation sind wichtig, um ihr Wohlbefinden zu gewährleisten.

Soziale Interaktion:

Araber haben ein starkes Bedürfnis nach sozialer Bindung und können sehr anhänglich sein. Zeit und Aufmerksamkeit sind notwendig, um eine enge Beziehung aufzubauen.

Schritt-für-Schritt-Anleitung zum Aufbau von Vertrauen

1. Zeit und Geduld investieren

Vertrauen entsteht nicht über Nacht. Es erfordert Zeit, Geduld und konsequente Bemühungen. Nehmen Sie sich täglich Zeit, um mit Ihrem Pferd zu arbeiten und zu interagieren. Regelmäßige, positive Interaktionen helfen dabei, eine stabile und vertrauensvolle Beziehung aufzubauen.

2. Körpersprache und Kommunikation

Ruhige Präsenz: Ihr Pferd wird auf Ihre Körpersprache und Ihre Energie reagieren. Seien Sie ruhig, selbstbewusst und konsequent in Ihrer Körpersprache.

Klarheit: Geben Sie klare, konsistente Signale und Anweisungen. Vermeiden Sie widersprüchliche Signale, die Ihr Pferd verwirren könnten.

Geduld: Lassen Sie Ihrem Pferd Zeit, auf Ihre Signale zu reagieren. Drängen Sie es nicht und vermeiden Sie hektische Bewegungen.

3. Positive Verstärkung

Belohnungen: Nutzen Sie positive Verstärkung in Form von Leckerlis, Lob und Streicheleinheiten. Belohnen Sie Ihr Pferd für gewünschtes Verhalten und Fortschritte.

Lernen durch Spielen: Integrieren Sie Spiele und abwechslungsreiche Übungen in Ihr Training, um Ihr Pferd geistig zu stimulieren und das Lernen zu fördern.

4. Gemeinsame Aktivitäten

Bodenarbeit: Bodenarbeit ist eine großartige Möglichkeit, Vertrauen aufzubauen. Arbeiten Sie an Übungen wie Führtraining, Longieren und Zirkuslektionen. Diese Aktivitäten stärken die Kommunikation und das Vertrauen zwischen Ihnen und Ihrem Pferd.

Spaziergänge: Nehmen Sie Ihr Pferd mit auf Spaziergänge außerhalb des Reitplatzes. Dies fördert das Vertrauen und hilft Ihrem Pferd, sich an verschiedene Umgebungen zu gewöhnen.

5. Respekt und Führung

Führungsrolle übernehmen: Pferde sind Herdentiere und suchen nach einer klaren Führung. Übernehmen Sie die Rolle des verlässlichen und fairen Anführers. Ihr Pferd wird sich sicherer fühlen, wenn es weiß, dass es sich auf Sie verlassen kann.

Respektieren Sie die Grenzen Ihres Pferdes: Zwingen Sie Ihr Pferd nicht zu Dingen, vor denen es Angst hat. Arbeiten Sie langsam und geduldig daran, diese Ängste zu überwinden.

6. Regelmäßige Pflege und Kontakt

Pflegezeit: Nutzen Sie die Zeit beim Putzen, um eine Bindung aufzubauen.
Diese ruhigen Momente stärken die Beziehung und helfen Ihrem Pferd, sich
an Ihre Berührungen zu gewöhnen.
Gesundheitsvorsorge: Regelmäßige tierärztliche Untersuchungen und eine
gute Pflege zeigen Ihrem Pferd, dass Sie sich um sein Wohlbefinden küm-
mern.

7. Vermeiden Sie negative Erfahrungen
Geduld bei Schwierigkeiten: Wenn Ihr Pferd Schwierigkeiten hat, vermeiden
Sie Bestrafungen und arbeiten Sie stattdessen daran, das Problem positiv zu
lösen.
Stress reduzieren: Vermeiden Sie stressige Situationen, die das Vertrauen
Ihres Pferdes untergraben könnten. Ein ruhiges, stabiles Umfeld hilft Ihrem
Pferd, sich sicher zu fühlen.

Besondere Überlegungen für Vollblutaraber

Energieausgleich: Araber benötigen viel Bewegung, um überschüssige Energie
abzubauen. Stellen Sie sicher, dass Ihr Training genügend körperliche und
geistige Herausforderungen bietet.
Feinfühligkeit: Aufgrund ihrer Sensibilität reagieren Araber besonders stark
auf die Stimmung und das Verhalten ihres Besitzers. Eine ruhige, einfühlsame
Herangehensweise ist daher besonders wichtig.
Langsame Gewöhnung: Araber können sich leicht erschrecken und benötigen
daher eine behutsame und geduldige Einführung in neue Situationen und Umgebungen.

Der Aufbau von Vertrauen zu einem Vollblutaraber erfordert Zeit, Geduld und
eine tiefe Verbindung zwischen Mensch und Pferd.

Indem Sie die besonderen Charaktereigenschaften dieser edlen Rasse berücksichtigen und sich auf eine klare, respektvolle und positive Kommunikation
konzentrieren, können Sie eine starke und vertrauensvolle Beziehung zu
Ihrem Pferd entwickeln.

Diese Verbindung wird nicht nur Ihre gemeinsame Zeit bereichern, sondern
auch die Grundlage für ein harmonisches und erfolgreiches Miteinander
schaffen.

Die Psychologie der Araberpferde

Araberpferde sind eine der ältesten und bekanntesten Pferderassen der Welt, die für ihre Intelligenz, Schönheit und Ausdauer geschätzt werden. Ihre einzigartige Psychologie unterscheidet sie von vielen anderen Rassen und erfordert ein besonderes Verständnis und eine einfühlsame Herangehensweise im Umgang. In diesem ausführlichen Text beleuchten wir das Verhalten und Temperament, die Kommunikation und Körpersprache sowie die Beziehung zwischen Mensch und Araberpferd.

Verhalten und Temperament

Intelligenz und Lernfähigkeit:

Araberpferde sind äußerst intelligent und lernfähig. Sie nehmen neue Informationen schnell auf und reagieren gut auf positive Verstärkung. Diese Intelligenz macht sie zu hervorragenden Begleitern in einer Vielzahl von Disziplinen, von der Dressur bis zum Distanzreiten. Araberpferde können jedoch auch eigenwillig und empfindlich sein, was eine geduldige und konsequente Ausbildung erfordert.

Sensibilität und Reaktivität:

Araberpferde sind für ihre hohe Sensibilität bekannt. Sie reagieren stark auf ihre Umgebung und die Emotionen ihres Besitzers. Diese Eigenschaft kann sowohl ein Vorteil als auch eine Herausforderung sein. Sensible Pferde sind oft aufmerksamer und schneller in ihrer Reaktion, benötigen aber auch einen ruhigen und einfühlsamen Umgang, um Vertrauen zu fassen und Stress zu vermeiden.

Energie und Ausdauer:

Eine der herausragendsten Eigenschaften von Araberpferden ist ihre Energie und Ausdauer. Sie wurden über Jahrhunderte gezüchtet, um lange Strecken in extremen Klimabedingungen zu bewältigen. Diese Energie muss kanalisiert und durch regelmäßige Bewegung und geistige Stimulation genutzt werden, um Langeweile und unerwünschtes Verhalten zu vermeiden.

Soziale Bindung:

Araberpferde sind sehr soziale Tiere, die starke Bindungen sowohl zu Menschen als auch zu anderen Pferden eingehen. Sie genießen die Gesellschaft und Interaktion und können in Isolation oder bei Vernachlässigung schnell Verhaltensprobleme entwickeln.

Kommunikation und Körpersprache

Körpersprache des Pferdes:

Araberpferde kommunizieren hauptsächlich über Körpersprache. Es ist wichtig, die verschiedenen Signale zu verstehen, die sie aussenden:

Ohren:

Vorwärts gerichtete Ohren zeigen Interesse und Aufmerksamkeit, während zurückgelegte Ohren Unbehagen oder Aggression signalisieren können.

Augen:

Ein entspannter Ausdruck in den Augen zeigt Wohlbefinden, während weit geöffnete Augen oft auf Angst oder Stress hinweisen.

Schweif:

Ein entspannter, locker schwingender Schweif zeigt Zufriedenheit, während ein hochgehaltener Schweif Aufregung oder Nervosität anzeigt.

Körperhaltung:

Eine entspannte Körperhaltung signalisiert Wohlbefinden, während ein steifer oder gespannter Körper auf Stress oder Unwohlsein hinweist.

Körpersprache des Menschen:

Die Körpersprache des Reiters oder Pflegers ist ebenfalls von großer Bedeutung. Araberpferde sind äußerst sensibel gegenüber der Körpersprache und den Emotionen ihres Menschen:

Ruhe und Gelassenheit:

Eine ruhige, entspannte Körperhaltung und Bewegung beruhigt das Pferd und fördert Vertrauen.

Konsequenz und Klarheit:

Klare, konsistente Signale helfen dem Pferd, die Erwartungen seines Menschen zu verstehen und darauf zu reagieren.

Positive Verstärkung:

Belohnungen wie Streicheleinheiten, sanfte Worte oder Leckerlis für gewünschtes Verhalten fördern eine positive Einstellung und Lernbereitschaft beim Pferd.

Verbal und nonverbal:

Araberpferde reagieren sowohl auf verbale als auch auf nonverbale Kommunikation. Die Stimme kann zur Beruhigung oder zur Ermutigung genutzt werden, während Körpersprache und Berührungen klarere Signale senden.

Beziehung zwischen Mensch und Pferd

Vertrauen aufbauen:

Der Aufbau von Vertrauen ist die Grundlage jeder erfolgreichen Beziehung zwischen Mensch und Araberpferd. Dies erfordert Zeit, Geduld und konsequente positive Erfahrungen. Regelmäßige Pflege, sanftes Training und eine ruhige Präsenz fördern das Vertrauen.

Bindung und Partnerschaft:

Araberpferde schätzen starke soziale Bindungen und sehen ihren Besitzer oft als Partner. Eine solche Bindung entsteht durch gemeinsame Aktivitäten, wie Bodenarbeit, Spaziergänge und Spiele, die das Vertrauen und die Kommunikation stärken.

Respekt und Führung:

Araberpferde reagieren gut auf eine klare, faire und konsequente Führung. Sie suchen nach einem verlässlichen Führer, dem sie vertrauen können.

Dies bedeutet nicht Dominanz, sondern eine respektvolle, partnerschaftliche Beziehung, in der der Mensch als ruhiger, bestimmter Anführer agiert.

Individuelle Bedürfnisse:

Jedes Araberpferd ist ein Individuum mit eigenen Bedürfnissen und Persönlichkeitsmerkmalen. Einfühlungsvermögen und die Bereitschaft, diese individuellen Unterschiede zu erkennen und darauf einzugehen, sind entscheidend für eine erfolgreiche Beziehung.

Gemeinsame Aktivitäten und Training:

Regelmäßiges, abwechslungsreiches Training und gemeinsame Aktivitäten fördern die Bindung. Dies kann Dressur, Geländeritte, Distanzreiten oder einfache Spiele umfassen. Wichtig ist, dass beide Partner Freude daran haben und die Beziehung gestärkt wird.

Fazit

Die Psychologie der Araberpferde ist geprägt von ihrer Intelligenz, Sensibilität, Energie und ihrem starken Bedürfnis nach sozialer Interaktion.

Um eine erfolgreiche und harmonische Beziehung zu einem Araberpferd aufzubauen, ist es wichtig, diese Eigenschaften zu verstehen und darauf einzugehen.

Durch ruhige, konsequente Kommunikation, positive Verstärkung und den Aufbau von Vertrauen und Respekt kann eine tiefe, partnerschaftliche Bindung entstehen.

Dies nicht nur das Wohlbefinden des Pferdes, sondern auch die Freude und Erfüllung des Besitzers fördern.

TRAINING UND ERZIEHUNG

Das Araberpferd ist für seine Intelligenz, Sensibilität und Leistungsfähigkeit bekannt.

Diese Eigenschaften machen es zu einem hervorragenden Partner für verschiedene Reitdisziplinen und Aktivitäten, erfordern jedoch einen durchdachten Ansatz in Training und Erziehung.
Das Training eines Araberpferdes sollte sorgfältig geplant und durchgeführt werden, um das Beste aus seinen natürlichen Fähigkeiten herauszuholen und gleichzeitig eine starke, vertrauensvolle Beziehung zwischen Pferd und Reiter zu fördern.

Grundlegende Trainingsprinzipien für Araberpferde
Konsistenz und Geduld:
Araberpferde sind außerordentlich klug und lernen schnell, sowohl gute als

auch schlechte Verhaltensweisen.

Konsistentes Training ist entscheidend, um sicherzustellen, dass sie die richtigen Lektionen lernen und verstehen, was von ihnen erwartet wird.

Geduld ist ebenfalls entscheidend, da überstürztes oder inkonsistentes Training zu Verwirrung und Frustration führen kann, was das Lernen und die Beziehung beeinträchtigen könnte.

Positive Verstärkung:

Araberpferde reagieren besonders gut auf positive Verstärkung wie Lob, Streicheln und gelegentliche Leckerlis.

Diese Methoden stärken die Bindung und motivieren das Pferd, sich anzustrengen und mit dem Trainer zusammenzuarbeiten.

Negative Verstärkung sollte minimiert und stattdessen ein Ansatz gewählt werden, der das Pferd für korrektes Verhalten belohnt.

Individualisierte Ansätze:

Jedes Araberpferd ist einzigartig, mit seinen eigenen Stärken und Schwächen. Trainer sollten den Trainingsansatz an das individuelle Temperament und die Lernfähigkeit des Pferdes anpassen. Einige Araber mögen beispielsweise schneller auf visuelle oder auditive Signale reagieren als andere.

Frühe Sozialisierung:

Araberpferde sollten frühzeitig sozialisiert werden, um eine breite Palette von Erfahrungen zu sammeln. Dies beinhaltet die Exposition gegenüber verschiedenen Umgebungen, Geräuschen und Situationen, um sicherzustellen, dass sie gut angepasste und zuverlässige Reitpartner werden.

Aufbau einer vertrauensvollen Beziehung durch Bodenarbeit und erste Reitübungen

Bodenarbeit:

Der Grundstein für eine gute Beziehung und effektives Training wird oft durch Bodenarbeit gelegt. Bodenarbeit umfasst Aktivitäten wie Führen, Longieren und desensibilisierende Übungen, die dem Pferd helfen, Vertrauen zu seinem Menschen zu entwickeln und gleichzeitig grundlegende Befehle und Verhaltensweisen zu lernen. Diese Übungen verbessern auch die Körpersprache und die Kommunikation zwischen Pferd und Mensch.

Erste Reitübungen:

Sobald eine solide Basis durch Bodenarbeit geschaffen wurde, können erste Reitübungen beginnen. Diese sollten langsam und mit klaren, einfachen Anweisungen durchgeführt werden. Es ist wichtig, mit grundlegenden Reittechniken zu beginnen, wie dem korrekten Anhalten, dem Lenken und dem Rückwärtsrichten, bevor komplexere Lektionen eingeführt werden.

Schaffung einer Routine:

Araberpferde profitieren von einer regelmäßigen Routine, die ihnen Sicherheit gibt und Stress reduziert. Trainingssitzungen sollten regelmäßig, aber ohne Überforderung des Pferdes stattfinden. Die Dauer und Intensität des Trainings sollten schrittweise gesteigert werden, um das Pferd physisch und mental zu fördern, ohne es zu überlasten.

Respekt und Vertrauen:

Der Schlüssel zu einer erfolgreichen Beziehung und effektivem Training ist der gegenseitige Respekt und das Vertrauen. Trainer und Reiter sollten stets ruhig und respektvoll mit dem Araberpferd umgehen, um eine Atmosphäre des Vertrauens und der Sicherheit zu schaffen.

Die Erziehung und das Training eines Araberpferdes können eine unglaublich lohnende Erfahrung sein, die zu einer tiefen und dauerhaften Bindung führt.

Durch die Kombination von konsistentem, respektvollem Training und dem Aufbau einer starken Beziehung können Araberpferde in einer Vielzahl von Disziplinen und Aktivitäten zu herausragenden Partnern werden.

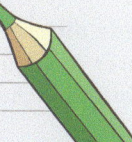

Vertrauen aufbauen!

„Ein guter Umgang mit dem Pferd ist die Voraussetzung für gutes Reiten."

VERFASSER UNBEKANNT

REITSTILE UND DISZIPLINEN FÜR ARABERPFERDE

Araberpferde sind bekannt für ihre Vielseitigkeit, Ausdauer und Intelligenz, was sie zu idealen Kandidaten für eine Vielzahl von Reitdisziplinen macht.

Ihre Fähigkeiten und ihr einzigartiges Temperament eignen sich besonders gut für Disziplinen wie Distanzreiten, Dressur und Freizeitreiten.

Jede dieser Disziplinen nutzt bestimmte Merkmale der Araberpferde, von ihrer Ausdauer und Schnelligkeit bis hin zu ihrer Beweglichkeit und ihrem Einfühlungsvermögen.

Distanzreiten

Das Distanzreiten ist eine der Disziplinen, für die Araberpferde besonders bekannt sind.

Diese Langstrecken-Wettbewerbe testen die Ausdauer von Pferd und Reiter über Strecken, die von 40 bis zu 160 Kilometern oder mehr reichen können. Araberpferde dominieren diesen Sport aufgrund ihrer unglaublichen Ausdauer und Fähigkeit, unter extremen Bedingungen zu arbeiten, die sie in ihrer Heimat auf der Arabischen Halbinsel entwickelt haben.

Besonderheiten beim Distanzreiten mit Arabern:

Effizienz:
Araberpferde sind dafür bekannt, dass sie sehr effizient mit ihrer Energie umgehen können, was ihnen erlaubt, längere Strecken bei geringerem Energieverbrauch zurückzulegen.

Hitzetoleranz:
Sie haben eine natürliche Toleranz gegenüber hohen Temperaturen, was ihnen in warmen Klimazonen einen Vorteil verschafft.

Erholungsfähigkeit:
Araberpferde erholen sich schnell, was in Distanzreitwettbewerben, bei denen Tierärzte regelmäßig den Gesundheitszustand der Pferde überprüfen, entscheidend ist.

Dressur

Dressur erfordert eine Kombination aus Kraft, Beweglichkeit und präziser Kommunikation zwischen Pferd und Reiter, um eine Serie von komplizierten, vorgeschriebenen Bewegungen auszuführen. Araberpferde, mit ihrer natürlichen Neigung zu Eleganz und Ausdrucksstärke, sind auch in dieser Disziplin sehr fähig.

Besonderheiten beim Dressurreiten mit Arabern:

Sensibilität:
Ihre natürliche Sensibilität für die Hilfen des Reiters macht sie zu exzellenten Dressurpferden, da sie auf feine Signale reagieren können.

Körperliche Fähigkeit:
Araber besitzen eine natürliche Fähigkeit zur Versammlung, was in der höheren Dressur, wo Piaffe und Passage gefordert sind, von Vorteil ist.

Ausdruck:
Ihre ausdrucksstarke Präsenz und natürliche Haltung verleihen ihren Bewegungen eine besondere Eleganz, die in Dressurprüfungen geschätzt wird.

Freizeitreiten

Freizeitreiten ist vielleicht die vielseitigste Disziplin und umfasst alles, was zum Vergnügen auf dem Rücken eines Pferdes unternommen wird, von Ausritten in der Natur bis hin zu entspannten Trainingseinheiten auf dem Reitplatz.

Araberpferde, bekannt für ihre gute Natur und Bereitschaft, mit Menschen zu interagieren, eignen sich hervorragend für Freizeitreiter.

Besonderheiten beim Freizeitreiten mit Arabern:

Vielseitigkeit:
Araber sind extrem anpassungsfähig und können in einer Vielzahl von Umgebungen zurechtkommen, von bergigen Trails bis hin zu sandigen Stränden.

Bindungsfähigkeit:
Ihre Neigung, starke Bindungen mit ihren Besitzern zu entwickeln, macht das Freizeitreiten mit einem Araberpferd zu einer besonders belohnenden Erfahrung.

Lehrfähigkeit:

Araber sind intelligent und lernen schnell, was sie zu idealen Partnern für weniger erfahrene Reiter oder für diejenigen macht, die eine tiefere Verbindung zu ihrem Reitpartner suchen.

Insgesamt bieten Araberpferde durch ihre einzigartigen physischen und temperamentvollen Eigenschaften eine hervorragende Eignung für eine Vielzahl von Reitdisziplinen. Ihre Ausdauer, Beweglichkeit und ihr Einfühlungsvermögen machen sie zu wertvollen Partnern in sowohl kompetitiven als auch nicht-kompetitiven Reitsportarten.

Freizeitreiten!

„Der Weg ist das Ziel – im Leben wie im Umgang mit Pferden."

VERFASSER UNBEKANNT

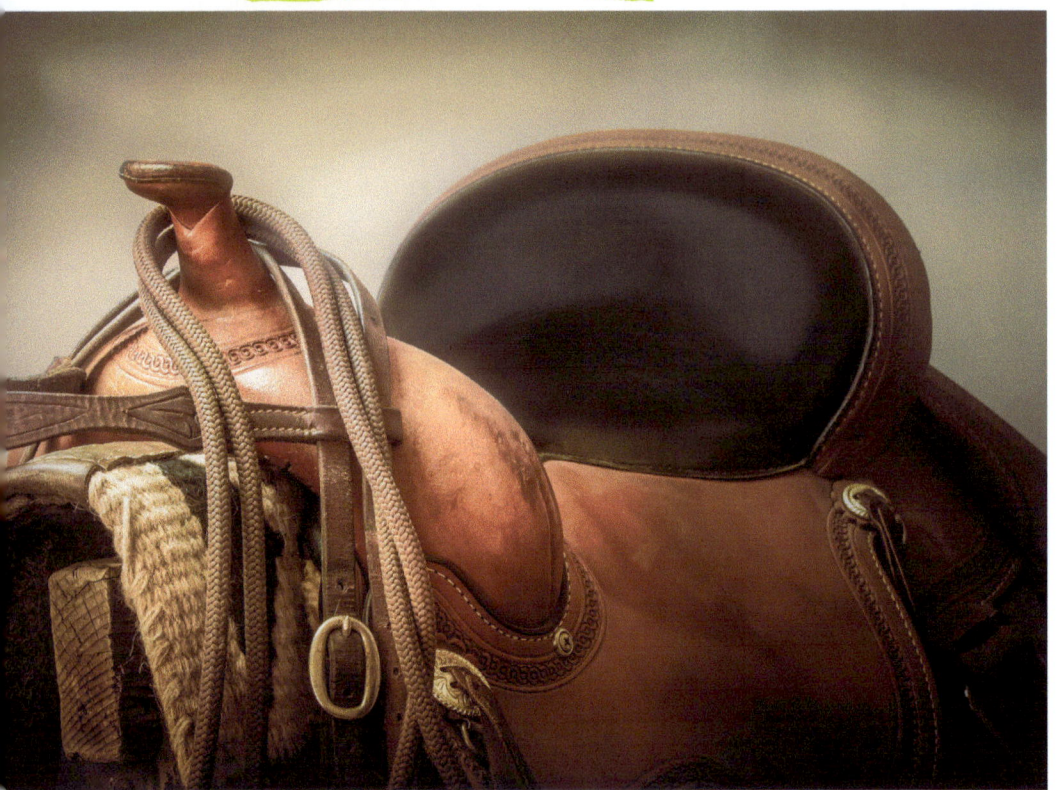

AUSRÜSTUNG UND ZUBEHÖR

Für jeden Reiter, unabhängig von der Reitdisziplin, ist die richtige Ausrüstung entscheidend, um sowohl die Sicherheit als auch den Komfort von Pferd und Reiter zu gewährleisten.

Dies gilt besonders beim Reiten von Araberpferden, deren spezifische Körperbau- und Temperamenteigenschaften besondere Anforderungen an die Ausrüstung stellen können.

Grundlegende Ausrüstung

Sattel:

Der Sattel ist eines der wichtigsten Stücke der Reitausrüstung, da er direkt den Rücken des Pferdes berührt und großen Einfluss auf dessen Wohlbefinden und Leistung hat.

Für Araberpferde, die oft einen kürzeren Rücken haben, ist es entscheidend, einen gut passenden Sattel zu wählen, der weder zu lang noch zu breit ist.

Englische Sättel sind für Disziplinen wie Dressur, Springreiten und Distanzreiten beliebt.

Sie sind leichter und bieten engen Kontakt zum Pferd, was für feine Hilfengebung wichtig ist.

Westernsättel bieten mehr Unterstützung und Gewichtsverteilung, was sie ideal für längere Rittzeiten und Westernreitdisziplinen macht.

Bei der Auswahl eines Sattels sollten Sie professionelle Beratung in Anspruch nehmen und das Pferd wenn möglich vor dem Kauf anpassen lassen.

Zaumzeug:

Das Zaumzeug muss ebenfalls gut sitzen, um Scheuerstellen und Druckpunkte zu vermeiden.

Es gibt verschiedene Arten von Zaumzeugen, die sich nach der Reitdisziplin richten:

Englische Zaumzeuge sind typisch für Dressur und Springreiten.

Sie können einfache oder doppelte Zäume beinhalten, je nach Niveau der Ausbildung des Pferdes.

Westernzaumzeuge sind oft einfacher gehalten und haben in der Regel keine Nasenriemen.

Wichtig ist, dass das Zaumzeug aus hochwertigem Leder oder einem anderen langlebigen Material gefertigt ist und regelmäßig gepflegt wird.

Schutzkleidung:

Schutzkleidung für den Reiter, wie Reithelme, Sicherheitswesten und geeignete Reitstiefel, ist essenziell, um Verletzungen vorzubeugen.

Helme sollten die aktuellen Sicherheitsstandards erfüllen und richtig sitzen.

Sicherheitswesten sind besonders im Gelände und beim Springreiten empfehlenswert.

Spezialausrüstung für verschiedene Reitdisziplinen

Distanzreiten:

Für Distanzritte sind spezielle Ausrüstungsgegenstände notwendig, um die lange Distanz für das Pferd so angenehm wie möglich zu gestalten:

Leichte Distanzsättel, die eine optimale Gewichtsverteilung bieten und dabei helfen, Druckstellen zu vermeiden.

Trinksysteme für Pferd und Reiter, um auf langen Strecken Hydration sicherzustellen.

GPS-Systeme und Pulsmesser, um die Leistung und den Gesundheitszustand des Pferdes zu überwachen.

Dressur:

In der Dressur ist Präzision entscheidend, daher sind spezielle Dressursättel so gestaltet, dass sie die korrekte Haltung unterstützen und die feine Kommunikation zwischen Reiter und Pferd erleichtern.

Dressurgerten und Sporen können als feine Hilfsmittel eingesetzt werden, um die Hilfen zu verfeinern.

Dressurzäume mit speziellen Reithalftern, die den Komfort des Pferdes bei der Arbeit im Viereck erhöhen.

Freizeitreiten:

Für das Freizeitreiten steht der Komfort im Vordergrund, daher ist einfache, aber hochwertige Ausrüstung wichtig.

Allzwecksättel, die für verschiedene Aktivitäten geeignet sind.

Wetterfeste Kleidung für Reiter, um bei allen Wetterbedingungen reiten zu können.

Halfter.

Die korrekte Ausrüstung spielt eine entscheidende Rolle für die Sicherheit und Effektivität beim Reiten und sollte sorgfältig ausgewählt und regelmäßig auf ihren Zustand überprüft werden.

Gutes Equipment ist eine Investition in die Gesundheit und das Glück Ihres Pferdes und verbessert Ihre Erfahrung und Leistung in jeglicher Reitdisziplin.

FLIEGENSCHUTZ SELBER MACHEN

Fliegen und andere Insekten können für Pferde sehr lästig sein, insbesondere um Gesicht und Augen.

Ein effektiver Fliegenschutz, der am Halfter befestigt wird, kann erheblich zur Linderung dieser Plage beitragen.

Anstatt auf kommerzielle Produkte zurückzugreifen, können Sie einen solchen Fliegenschutz ganz einfach selber machen.

Materialien

Für den selbstgemachten Fliegenschutz benötigen Sie folgende Materialien:

Feste Baumwollkordel oder Paracord: Für die Herstellung der einzelnen Fransen, die die Fliegen abhalten.

Klettverschluss: Zum Befestigen des Fliegenschutzes am Halfter.

Nähutensilien: Nadel und Faden oder eine Nähmaschine, um den Klettverschluss an den Kordeln zu befestigen.

Schere: Zum Schneiden der Kordeln.

Maßband oder Lineal: Zum Abmessen der Kordeln.

Optional: Perlen oder reflektierende Elemente: Zur Dekoration und für zusätzliche Sichtbarkeit.

Schritt-für-Schritt-Anleitung
1. Vorbereitung der Materialien

Schneiden Sie die Baumwollkordel oder das Paracord in gleich lange Stücke. Eine Länge von etwa 30-40 cm pro Kordel ist ideal, aber Sie können die Länge je nach Bedarf anpassen.
Bereiten Sie den Klettverschluss vor, indem Sie zwei Streifen zuschneiden. Die Länge sollte der Breite des Nasenriemens des Halfters entsprechen, normalerweise etwa 10-15 cm.

2. Befestigen der Kordeln

Legen Sie die geschnittenen Kordeln nebeneinander auf eine gerade Fläche. Nähen Sie eine Seite des Klettverschlusses auf die Oberseite der Kordeln. Achten Sie darauf, dass die Kordeln gleichmäßig verteilt sind und gut befestigt werden. Dies kann entweder per Hand oder mit einer Nähmaschine erfolgen.

3. Anbringen des Klettverschlusses

Nähen Sie die andere Seite des Klettverschlusses an den Nasenriemen des Halfters. Achten Sie darauf, dass der Klettverschluss sicher befestigt ist und das Gewicht der Kordeln tragen kann.
Testen Sie den Verschluss, um sicherzustellen, dass er fest sitzt und sich leicht öffnen und schließen lässt.

4. Dekorative Elemente hinzufügen (optional)

Wenn Sie möchten, können Sie Perlen oder reflektierende Elemente an den

Enden der Kordeln befestigen. Dies kann zusätzlichen Schutz bieten und die Sichtbarkeit des Pferdes erhöhen, besonders in der Dämmerung.

5. Anbringen des Fliegenschutzes am Halfter

Befestigen Sie den fertigen Fliegenschutz am Nasenriemen des Halfters, indem Sie den Klettverschluss schließen.
Stellen Sie sicher, dass die Kordeln gleichmäßig um die Nase des Pferdes fallen und ausreichend Bewegungsfreiheit bieten, ohne das Pferd zu stören.
Pflege und Wartung

Regelmäßige Kontrolle:

Überprüfen Sie den Fliegenschutz regelmäßig auf Abnutzung und stellen Sie sicher, dass alle Kordeln fest befestigt sind.

Reinigung:

Reinigen Sie den Fliegenschutz regelmäßig, um Schmutz und Schweiß zu entfernen. Handwäsche mit milder Seife und Wasser ist in der Regel ausreichend.

Lagerung: Bewahren Sie den Fliegenschutz an einem trockenen, sauberen Ort auf, wenn er nicht in Gebrauch ist.

Vorteile des selbstgemachten Fliegenschutzes

Kostengünstig: Die Materialien sind preiswert und leicht zu beschaffen.

Anpassbar: Sie können Länge und Anzahl der Kordeln sowie dekorative Elemente nach Ihren Wünschen anpassen.

Nachhaltig: Durch die Verwendung umweltfreundlicher Materialien und die Vermeidung von Einwegprodukten tragen Sie zur Nachhaltigkeit bei.

Individuell: Ein selbstgemachter Fliegenschutz kann genau an die Bedürfnisse Ihres Pferdes angepasst werden und bietet eine persönliche Note.

Fazit

Ein selbstgemachter Fliegenschutz für das Halfter Ihres Pferdes ist eine praktische und effektive Lösung, um Fliegen und andere Insekten fernzuhalten. Mit einfachen Materialien und ein wenig handwerklichem Geschick können

Sie einen maßgeschneiderten Schutz herstellen, der nicht nur funktional, sondern auch ansprechend ist.

Indem Sie den Fliegenschutz regelmäßig überprüfen und pflegen, stellen Sie sicher, dass Ihr Pferd den ganzen Sommer über komfortabel und geschützt ist.

Pferdefliegen und Bremsen sind häufige Plagegeister für Pferde, insbesondere in den warmen Sommermonaten.

Diese Insekten sind nicht nur lästig, sondern können auch gesundheitliche Probleme verursachen. Pferdefliegen, auch bekannt als Pferdebremsen, sind große, fliegende Insekten, die schmerzhafte Bisse verursachen, da sie sich von Blut ernähren. Ihre Bisse können zu Reizungen, Hautinfektionen und in einigen Fällen auch zu allergischen Reaktionen führen.

Bremsen sind besonders an warmen, sonnigen Tagen aktiv und bevorzugen es, sich an feuchten Orten wie nahe gelegenen Wasserstellen aufzuhalten. Sie werden durch Bewegung, Wärme und den Geruch von Schweiß angezogen, was Pferde zu idealen Zielen macht.

Schutzmaßnahmen:

Fliegendecken und Masken: Diese bieten einen physischen Schutz vor Insekten und sind besonders effektiv, um den empfindlichen Kopf- und Halsbereich zu schützen.

Fliegensprays: Regelmäßiges Auftragen von Insektenschutzmitteln kann helfen, Pferdefliegen und Bremsen fernzuhalten. Natürliche und chemische Sprays stehen zur Auswahl.

Stallhygiene: Eine saubere Umgebung, frei von stehenden Gewässern und Mist, reduziert die Anziehungskraft für Insekten.

Insektenschutz im Stall: Netzvorhänge und Insektenschutzmittel für Ställe können die Anzahl der Insekten in der Umgebung verringern.

Indem Sie diese Maßnahmen ergreifen, können Sie den Komfort und das Wohlbefinden Ihres Pferdes erheblich verbessern und es vor den lästigen und potenziell schädlichen Bissen von Pferdefliegen und Bremsen schützen.

DER REITERPASS

Der Reiterpass, ein offizieller Nachweis reiterlicher Fähigkeiten, ist in vielen Ländern ein bekanntes und anerkanntes Zertifikat, das von Reitverbänden ausgestellt wird.

Er dient dazu, das Grundwissen und die Grundfertigkeiten im Umgang mit Pferden sowie das sichere Reiten in verschiedenen Situationen zu bescheinigen.

Die Entscheidung, ob man einen Reiterpass erwerben sollte oder nicht, hängt von verschiedenen Faktoren ab, einschließlich der persönlichen Reitambitionen, der Anforderungen des jeweiligen Reitclubs oder Verbandes und der allgemeinen Sicherheitsstandards.

Im Folgenden werden einige Argumente für und gegen den Erwerb eines

Reiterpasses erörtert.

Vorteile des Reiterpasses

Sicherheitsbewusstsein:

Der Reiterpass legt einen starken Fokus auf Sicherheit beim Reiten und im Umgang mit Pferden. Die Ausbildung für den Reiterpass umfasst in der Regel Themen wie das korrekte Führen, Satteln und Trensen sowie sicheres Reiten in der Halle, auf dem Platz und im Gelände.

Dieses Wissen kann entscheidend sein, um Unfälle zu vermeiden und das Wohlbefinden von Reiter und Pferd zu gewährleisten.

Fundierte Grundausbildung:

Durch die Vorbereitung auf den Reiterpass erhalten Reiter eine umfassende Grundausbildung in verschiedenen Aspekten des Reitsports.

Dazu gehören unter anderem die korrekte Reitweise, die Pflege des Pferdes und die Kenntnis von Gangarten und Hufschlagfiguren.

Diese fundierte Ausbildung kann die Reittechnik verbessern und das Verständnis und die Kommunikation zwischen Pferd und Reiter fördern.

Zugang zu Wettbewerben und Veranstaltungen:

In vielen Fällen ist der Reiterpass eine Voraussetzung für die Teilnahme an Turnieren und anderen reitsportlichen Veranstaltungen.

Der Pass kann somit Türen zu neuen Herausforderungen und Erfahrungen im Reitsport öffnen.

Persönliche Bestätigung und Motivation:

Das Bestehen der Prüfung zum Reiterpass kann ein wichtiger Meilenstein in der Reitkarriere sein und als persönliche Bestätigung der eigenen Fähigkeiten dienen.

Es kann auch ein motivierender Faktor sein, sich weiterzubilden und höhere Qualifikationen wie den Reiternadel oder das Reitabzeichen anzustreben.

Nachteile des Reiterpasses

Kosten und Zeitaufwand:

Die Vorbereitung auf den Reiterpass kann sowohl zeit- als auch kosteninten-
siv sein.

Kurse, Prüfungsgebühren und eventuell zusätzliche Trainingsstunden können
eine erhebliche finanzielle Belastung darstellen.

Stress und Druck:

Die Prüfungssituation kann für einige Reiter Stress und Druck bedeuten, besonders wenn sie Prüfungsangst haben oder sich unsicher fühlen.

Dies kann das Erlebnis weniger erfreulich machen und im schlimmsten Fall
sogar die Freude am Reiten mindern.

Mögliche Einschränkung der Vielseitigkeit:

Während der Fokus auf bestimmte Lehrinhalte für die Prüfung wichtig ist,
kann er manchmal dazu führen, dass andere, ebenfalls wertvolle Fähigkeiten
und Kenntnisse vernachlässigt werden.

Einige Reiter könnten sich zu sehr auf das Bestehen der Prüfung konzentrieren, statt ihre Fähigkeiten umfassend zu entwickeln.

Ob ein Reiterpass erstrebenswert ist oder nicht, hängt letztlich von den individuellen Zielen und Umständen des Reiters ab.

Für diejenigen, die eine solide Grundausbildung anstreben, Zugang zu Turnieren suchen oder einfach ihre Fähigkeiten offiziell bestätigen lassen möchten,
kann der Reiterpass eine wertvolle Investition sein.

Für Freizeitreiter, die weniger Wert auf formale Qualifikationen legen oder
denen die Kosten und der Aufwand zu hoch sind, mag der Reiterpass weniger
relevant sein. In jedem Fall ist es wichtig, dass die Entscheidung wohlüberlegt
ist und die Freude am Reiten und der Umgang mit dem Pferd im Vordergrund
stehen.

FORTGESCHRITTENE REITTECHNIKEN

Fortgeschrittene Reittechniken und spezialisierte Trainingsansätze können dazu beitragen, die Fähigkeiten und das Verständnis sowohl des Reiters als auch des Pferdes zu vertiefen.

Diese Techniken sind nicht nur darauf ausgerichtet, die Leistung in Wettbewerben zu verbessern, sondern auch das Reiterlebnis im Allgemeinen zu bereichern und sicherer zu machen.

Zudem bieten sie Möglichkeiten, die Kommunikation und das Vertrauen zwischen Reiter und Pferd zu stärken.

Vertiefung in speziellere Reittechniken und Trainingsansätze

Lektionen der höheren Dressur:

Piaffe und Passage:

Diese anspruchsvollen Dressurlektionen erfordern ein hohes Maß an Kontrolle, Gleichgewicht und feiner Kommunikation zwischen Reiter und Pferd.

Sie helfen, die Tragkraft und die Versammlung des Pferdes zu verbessern.

Fliegende Wechsel:

Diese Technik, bei der das Pferd im Galopp die Richtung und damit das führende Bein wechselt, ist grundlegend für fortgeschrittene Dressur und Springreiten.

Die korrekte Ausführung erfordert präzise Timing und klare Hilfen.

Verfeinerte Hilfengebung:

Die Verfeinerung der Hilfen, einschließlich Gewichts-, Schenkel- und Zügelhilfen, ist entscheidend, um eine präzisere Kommunikation mit dem Pferd zu erreichen.

Fortgeschrittene Reiter arbeiten daran, ihre Hilfen so unauffällig und effektiv wie möglich zu gestalten.

Springtechniken:

Ansatz und Absprung:

Erfahrene Springreiter fokussieren sich auf die Optimierung des Ansatzes zu einem Hindernis und das Timing des Absprungs, um die Belastung für das Pferd zu minimieren und die Erfolgsquote zu erhöhen.

Rückwärtsrichten und Seitengänge:

Diese Techniken sind nicht nur in der Dressur, sondern auch für Springreiter nützlich, um die Manövrierfähigkeit und die Reaktionsfähigkeit des Pferdes zu verbessern.

Tipps für das Reiten in verschiedenen Umgebungen und bei unterschiedlichen Wetterbedingungen
Reiten im Gelände:

Beim Ausreiten im Gelände sollte besonderes Augenmerk auf die Wegbeschaffenheit gelegt werden. Sicherheitsausrüstung ist unerlässlich, und das Pferd sollte auf unebenes Terrain vorbereitet sein.

Es ist wichtig, das Pferd langsam an neue Umgebungen zu gewöhnen, insbesondere wenn es ungewohnte Reize wie Wasser, dichte Wälder oder steile Anstiege gibt.

Reiten bei kaltem Wetter:

Bei Kälte ist es besonders wichtig, das Aufwärmen nicht zu vernachlässigen. Ein gründliches Aufwärmen hilft, Muskelverletzungen zu vermeiden und sorgt dafür, dass das Pferd effektiv arbeiten kann.

Nach dem Reiten sollte das Pferd trocken und warm gehalten werden, um ein Auskühlen zu verhindern, besonders wenn das Fell nass geworden ist.
Reiten bei heißem Wetter:

Im Sommer muss auf ausreichende Hydration und Pausen geachtet werden, um Überhitzung zu vermeiden. Leichte, atmungsaktive Ausrüstung kann sowohl für Reiter als auch für das Pferd von Vorteil sein.

Es ist ratsam, die intensivsten Trainingseinheiten in die kühleren Morgen- oder Abendstunden zu legen.

Reiten in städtischen oder belebten Gebieten:

In Gebieten mit starkem Verkehr oder vielen externen Störungen ist es wichtig, dass das Pferd gut im Straßenverkehr trainiert ist.

Sicherheitsausrüstung wie reflektierende Kleidung ist sowohl für das Pferd als auch für den Reiter empfehlenswert.

Das Training sollte schrittweise erfolgen, beginnend in ruhigeren Gebieten, um das Pferd langsam an städtische Bedingungen zu gewöhnen.

VERSCHIEDENE REITSPORTARTEN

Reitsport ist eine faszinierende und vielseitige Disziplin, die sowohl den Reiter als auch das Pferd in vielen verschiedenen Bereichen herausfordert und bereichert.

Von der Dressur bis zum Westernreiten, jede Reitsportart hat ihre eigenen Besonderheiten, Regeln und Anforderungen. Hier ist ein ausführlicher Überblick über die wichtigsten Reitsportarten, die weltweit praktiziert werden.

Dressur

Beschreibung: Die Dressur, oft als „Kunst des Reitens" bezeichnet, konzentriert sich auf die präzise und harmonische Ausführung von Bewegungen zwischen Pferd und Reiter. Ziel ist es, das Pferd so zu trainieren, dass es auf minimale Signale des Reiters reagiert und verschiedene komplexe Manöver mit Leichtigkeit und Eleganz ausführt.

Wettbewerbsformen:

Grand Prix: Die höchste Stufe der Dressur, bei der Pferd und Reiter eine festgelegte Folge von hochkomplexen Bewegungen vorführen.
Freestyle (Kür): Eine kreative Variante, bei der die Reiter ihre Routine zu Musik choreografieren und dabei bestimmte Pflichtfiguren einbauen.
Bewertungskriterien: Harmonie zwischen Reiter und Pferd, Genauigkeit der Bewegungen, Ausdruck und Rhythmus.

Springreiten

Beschreibung: Das Springreiten ist eine aufregende und dynamische Disziplin, bei der Pferd und Reiter eine Reihe von Hindernissen in einem Parcours überwinden müssen. Die Hindernisse können verschiedene Höhen und Weiten haben und erfordern sowohl Präzision als auch Geschwindigkeit.

Wettbewerbsformen:

Einzelwettbewerbe: Reiter und Pferd absolvieren den Parcours und versuchen, fehlerfrei und in möglichst kurzer Zeit zu bleiben.
Mannschaftswettbewerbe: Teams aus mehreren Reitern treten gegeneinander an, wobei die Gesamtleistung des Teams zählt.
Bewertungskriterien: Strafpunkte für Abwurf von Hindernissen, Zeitstrafen und Verweigerungen.

Vielseitigkeitsreiten (Eventing)

Beschreibung: Vielseitigkeitsreiten kombiniert Dressur, Geländeritt und Springreiten in einem einzigen Wettbewerb. Diese Disziplin testet die Vielseitigkeit, Ausdauer und das Können von Pferd und Reiter.

Wettbewerbsformen:

Dressurprüfung: Ähnlich wie in der reinen Dressur, jedoch weniger komplex.
Geländeritt (Cross-Country): Ein Ausdauer- und Geschicklichkeitsritt über natürliche und künstliche Hindernisse in freiem Gelände.
Springprüfung: Ein Parcours ähnlich dem reinen Springreiten, aber mit dem Fokus auf die Frische und Genauigkeit nach dem Geländeritt.

Bewertungskriterien: Kombination der Punktzahlen aus allen drei Disziplinen, Strafpunkte für Zeitüberschreitungen und Fehler.

Westernreiten

Beschreibung: Westernreiten hat seinen Ursprung in den Arbeitsreitstilen der amerikanischen Cowboys. Diese Disziplin zeichnet sich durch eine entspannte Sitzhaltung und die Nutzung von Westernsätteln und -ausrüstungen aus.

Wettbewerbsformen:

Reining: Eine Disziplin, die präzise und schnelle Manöver wie Spins, Sliding Stops und Rollbacks umfasst.
Western Pleasure: Pferde werden auf ihre Fähigkeit beurteilt, ruhig und entspannt verschiedene Gangarten auszuführen.
Cutting: Das Trennen eines einzelnen Rindes von der Herde, bei dem das Pferd seine Instinkte und Beweglichkeit zeigt.
Trail: Ein Hindernisparcours, der alltägliche Situationen auf der Ranch simuliert.
Bewertungskriterien: Präzision, Geschmeidigkeit der Bewegungen, Gehorsam und Stil.

Dressur-Reining (Western-Dressur):
Beschreibung: Eine Mischung aus klassischen Dressur- und Westernreitstilen, bei der Elemente aus beiden Disziplinen kombiniert werden.

Wettbewerbsformen:

Pattern-Riding: Pferd und Reiter führen festgelegte Muster aus, die sowohl Western- als auch Dressurelemente enthalten.
Freestyle: Eine kreative Darstellung zu Musik, die Western- und Dressurbewegungen kombiniert.
Bewertungskriterien: Harmonie, Ausdruck und technische Ausführung der Bewegungen.

Distanzreiten

Beschreibung: Distanzreiten ist ein Ausdauersport, bei dem Pferd und Reiter lange Strecken über unterschiedlichstes Gelände zurücklegen. Streckenlängen variieren und können bis zu 160 km an einem Tag betragen.

Wettbewerbsformen:

Limited Distance: Wettbewerbe über kürzere Strecken, typischerweise zwischen 40 und 80 km.
Endurance Rides: Längere Wettbewerbe, die über 100 km und mehr gehen.
Bewertungskriterien: Geschwindigkeit und Zustand des Pferdes werden bewertet. Regelmäßige Tierarztkontrollen stellen sicher, dass das Pferd gesund und fit bleibt.

Polo

Beschreibung: Polo ist ein Teamsport, bei dem vier Reiter pro Team auf einem großen Feld gegeneinander antreten und versuchen, mit einem langen Schläger einen Ball ins Tor des gegnerischen Teams zu schlagen.

Wettbewerbsformen:

Outdoor Polo: Gespielt auf einem großen Feld, normalerweise mit vier Spielern pro Team.
Arena Polo: Gespielt in einer kleineren, ummauerten Arena, oft mit drei Spielern pro Team.
Bewertungskriterien: Tore und Teamkoordination.

Voltigieren

Beschreibung: Voltigieren ist eine Kombination aus Turnen und Akrobatik auf dem Rücken eines sich bewegenden Pferdes. Es wird oft in Teams durchgeführt, kann aber auch als Einzel- oder Pas-de-Deux (Doppelvoltigieren) praktiziert werden.

Wettbewerbsformen:

Einzelvoltigieren: Einzelne Voltigierer führen eine festgelegte Kür auf dem Pferderücken aus.
Gruppenvoltigieren: Teams aus mehreren Voltigierern führen koordinierte Bewegungen aus.
Pas-de-Deux: Zwei Voltigierer arbeiten zusammen und führen synchronisierte Bewegungen aus.
Bewertungskriterien: Schwierigkeitsgrad, Ausführung, Kreativität und Harmonie mit dem Pferd.

Fahrturniere

Beschreibung: Beim Fahren sitzt der Fahrer auf einem Wagen oder einer Kutsche und lenkt das Pferd oder die Pferde durch verschiedene Aufgaben und Prüfungen.

Wettbewerbsformen:

Dressurfahren: Präzise Ausführung von Bewegungen im Viereck, ähnlich der Dressur beim Reiten.
Geländefahren: Ein Marathon durch anspruchsvolles Gelände mit Hindernissen.
Hindernisfahren: Ein Parcours mit Kegeln und Bällen, die umfahren werden müssen.
Bewertungskriterien: Präzision, Geschwindigkeit, Geschicklichkeit und Harmonie zwischen Fahrer und Pferden.

Horseball

Beschreibung: Horseball ist eine Mannschaftssportart, die Elemente aus Basketball und Rugby kombiniert und auf Pferden gespielt wird. Teams versuchen, den Ball in das gegnerische Tor zu werfen.

Wettbewerbsformen:

Standardspiele: Zwei Teams mit jeweils vier Reitern treten gegeneinander an.
Bewertungskriterien: Tore, Teamkoordination und Geschicklichkeit.

Gymkhana

Beschreibung: Gymkhana besteht aus einer Reihe von Geschicklichkeitsspielen und Rennen, die auf Zeit und Genauigkeit basieren. Diese Spiele testen die Agilität und die Zusammenarbeit zwischen Pferd und Reiter.

Wettbewerbsformen:

Fassrennen: Ein Rennen um aufgestellte Fässer.
Stangenrennen: Ein Slalomrennen durch eine Reihe von Stangen.
Eierlauf: Ein Geschicklichkeitsspiel, bei dem der Reiter ein Ei auf einem Löffel balanciert, während er reitet.
Bewertungskriterien: Geschwindigkeit, Genauigkeit und Geschicklichkeit.

Fazit

Reitsportarten sind vielfältig und bieten für jeden Pferdeliebhaber eine passende Disziplin, egal ob es um Präzision, Geschwindigkeit, Ausdauer oder Geschicklichkeit geht.

Jede Reitsportart hat ihre eigenen Regeln, Techniken und Besonderheiten, die sowohl für Pferd als auch für Reiter herausfordernd und erfüllend sind.

Von der eleganten Dressur bis zum spannenden Springreiten, von den traditionsreichen Westernreitdisziplinen bis zum modernen Polo – der Reitsport bietet eine reiche Palette an Möglichkeiten, die Bindung zwischen Mensch und Pferd zu vertiefen und die gemeinsamen Fähigkeiten zu fördern.

Longieren.

ARABERPFERDE IM SPORT

Arabische Pferde, oft als Araber oder Vollblutaraber bezeichnet, sind für ihre außergewöhnliche Ausdauer, Intelligenz und Schönheit bekannt. Diese Eigenschaften machen sie in verschiedenen Disziplinen des Pferdesports besonders erfolgreich.

Im Folgenden wird ein Überblick über die Disziplinen gegeben, in denen Araberpferde brillieren, bekannte Wettkämpfe und Turniere, sowie einige der erfolgreichsten Araberpferde und ihre bemerkenswerten Leistungen.

Disziplinen, in denen Araberpferde besonders erfolgreich sind:

Distanzreiten (Endurance Riding):

Araberpferde dominieren das Distanzreiten, eine Disziplin, die extreme Ausdauer und Belastbarkeit erfordert. Die Wettbewerbe können bis zu 160 km an einem einzigen Tag umfassen, wobei die Pferde in verschiedenen Etappen geritten werden.

Ihre physiologische Anpassung an lange Strecken und schwierige Bedingungen, wie hohe Temperaturen und unebenes Gelände, macht sie ideal für diese Sportart.

Dressur:

Obwohl Araberpferde nicht so oft in höheren Dressurklassen zu sehen sind wie Warmblüter, zeichnen sie sich in unteren und mittleren Klassen durch ihre Eleganz, Beweglichkeit und Ausdruckskraft aus.

Sie sind besonders in Jugend- und Amateurwettbewerben erfolgreich, da sie leicht zu handhaben und äußerst lernwillig sind.

Westernreiten:

Araberpferde zeigen in Westernreitdisziplinen wie Trail, Reining und Western Pleasure gute Leistungen. Ihre schnelle Reaktionsfähigkeit und Wendigkeit sind hier von Vorteil.

Auch in Disziplinen wie Barrel Racing und Pole Bending, wo Geschwindigkeit und Geschicklichkeit gefragt sind, beweisen Araberpferde ihre Fähigkeiten.

Show-Wettbewerbe (Halter und Showmanship):

Araberpferde sind bekannt für ihre Schönheit und Anmut, was sie in Show-Wettbewerben erfolgreich macht. Sie beeindrucken durch ihren eleganten Kopf, großen Augen und ihre stolze Haltung.

Diese Wettbewerbe bewerten das Exterieur, die Bewegungen und das Gesamtbild des Pferdes.

Bekannte Wettkämpfe und Turniere

FEI World Endurance Championships:

Diese Weltmeisterschaft im Distanzreiten wird von der Internationalen Reiterlichen Vereinigung (FEI) organisiert und zieht die besten Distanzreiter und ihre Araberpferde aus der ganzen Welt an.

Tevis Cup:

Einer der ältesten und prestigeträchtigsten Distanzritte in den USA, der 100 Meilen (160 km) durch die Sierra Nevada umfasst. Araberpferde haben diesen Wettbewerb häufig gewonnen.

US Arabian and Half-Arabian National Championship Horse Show:

Dieses jährliche Turnier in den USA ist das größte für arabische Pferde und bietet Wettbewerbe in verschiedenen Disziplinen, von Halter über Dressur bis hin zu Westernreiten.

Al Maktoum Endurance Cup:

Ein hochkarätiges Distanzrennen in den Vereinigten Arabischen Emiraten, das enorme Preisgelder bietet und die besten Araberpferde und Reiter anzieht.

Erfolgreiche Araberpferde und ihre Leistungen

Kass Ole:

Ein legendäres Araberpferd im Distanzreiten, das zweimal den Tevis Cup gewann und sich in zahlreichen anderen Wettbewerben ausgezeichnet hat. Seine Ausdauer und Leistungsfähigkeit sind unübertroffen.

Haggin Cup Gewinner:

Jedes Jahr wird der Haggin Cup an das Pferd vergeben, das nach dem Tevis Cup in bestem Zustand ist. Araberpferde haben diese Auszeichnung viele Male gewonnen, was ihre außergewöhnliche Widerstandsfähigkeit unter Beweis stellt.

Marwan Al Shaqab:

Ein berühmter Showhengst, der weltweit zahlreiche Titel gewonnen hat, darunter mehrere Weltmeisterschaften. Er ist bekannt für seine außergewöhnliche Schönheit und seinen beeindruckenden Bewegungen.

Bey Shah:

Ein einflussreicher Hengst in der Zucht von Show-Arabern, dessen Nachkommen in Halter-Wettbewerben international erfolgreich sind. Er hat den

Standard für Schönheit und Eleganz bei Araberpferden gesetzt.

Arabische Pferde haben durch ihre vielfältigen Fähigkeiten und beeindruckenden Leistungen einen festen Platz im Pferdesport gefunden.

Ob im Distanzreiten, in der Dressur, im Westernreiten oder in Show-Wettbewerben – ihre Intelligenz, Ausdauer und Anmut machen sie zu außergewöhnlichen Athleten, die weltweit bewundert und geschätzt werden.

Tolle Show-Tiere.

VERSCHIEDENE BAHNFIGUREN

Bahnfiguren, auch Hufschlagfiguren genannt, sind festgelegte Lauflinien für Pferde in einer Reitbahn, die der Gymnastizierung des Pferdes und der Abstimmung der Kommunikation zwischen Reiter und Pferd dienen.

Dies geschieht über die sogenannten Hilfen, v. a. Zügel-, Schenkel- und Gewichtshilfen. Da die meisten Hufschlagfiguren national und international vereinheitlicht sind, dienen sie auch als Kurzangaben bei der Beschreibung von Lauflinien, bei der Angabe von geforderten Aufgaben auf Reitturnieren oder beim Reitunterricht.

Anhand der Bahnfiguren kann die Durchlässigkeit und auch die Längsbiegung überprüft und verbessert werden.

Folgende Bahnfiguren sind in der klassischen Reitkunst gebräuchlich:

Ganze Bahn

Ganze Bahn ist die einfachste Hufschlagfigur. Es wird immer an der Bande entlang (am Hufschlag) geritten und somit die ganze Bahn umkreist.

Halbe Bahn

Bei der halben Bahn wird bei Bahnpunkt B oder E (siehe Dressurviereck), in der Mitte der langen Seite (des Bahnrechtecks), im rechten Winkel abgewendet und geradeaus auf die andere Seite geritten. Die „Hand" wird dabei nicht gewechselt. (Linke Hand meint z. B., dass linksherum geritten wird, also links innen ist, rechte Hand analog.)

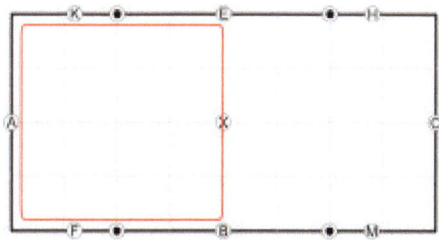

Durch die ganze Bahn wechseln

Bei dieser Figur durchquert der Reiter die Reitbahn auf gerader Linie von einer Ecke, genauer: vom Wechselpunkt nach Durchreiten der Ecke, in die diagonal gegenüberliegende Ecke, genauer gesagt: zum Wechselpunkt vor der diagonal gegenüberliegenden Ecke.

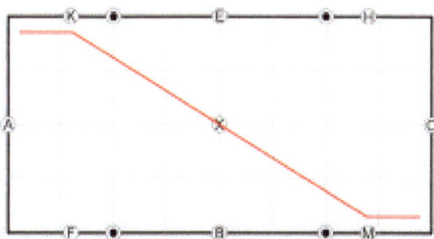

Durch die halbe Bahn wechseln

Diese Figur ähnelt der vorherigen, jedoch wird die gegenüberliegende lange Seite nicht am Wechselpunkt, sondern mittig erreicht und dort wieder auf den Hufschlag abgewendet.

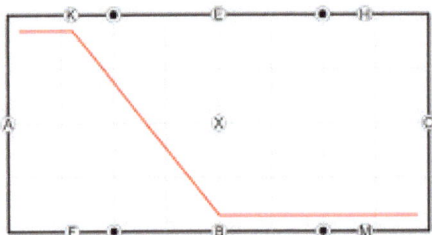

Durch die Länge der Bahn wechseln

Hierbei wird die Bahn parallel zur langen Seite von der Mitte der einen kurzen Seite zur Mitte der gegenüberliegenden kurzen Seite durchquert. Der Reiter wendet Mitte der kurzen Seite ab, reitet über den Mittelpunkt der Bahn und wendet an der gegenüberliegenden kurzen Seite wieder auf den Hufschlag (Reiten) ab.

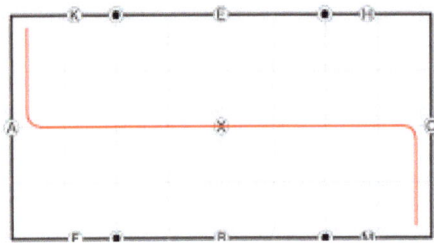

Durch die Länge der Bahn geritten

Mitte der kurzen Seite, bei Bahnpunkt A oder C wird auf die Mittellinie abgewendet und geradeaus auf die andere kurze Seite geritten. Dort wieder auf die gleiche Hand abgewendet also nicht die Hand gewechselt.

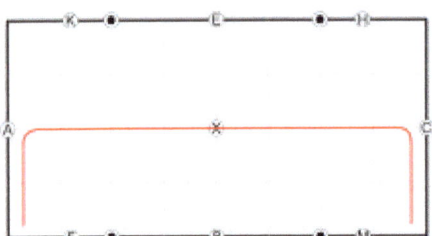

Aus der Ecke kehrt/Aus der Mitte kehrt

Auf der linken Hand bei Bahnpunkt K oder M, und auf der rechten Hand bei H oder F. In die Ecke wird eine (knappe) Dreiviertel-Volte von 6–10 Meter Durchmesser geritten, danach mit geradegestelltem Pferd in schrägem Winkel zum Hufschlag zurück. Je nach Ausbildungsstand von Pferd und Reiter wird die Dreiviertel-Volte weiter oder enger geritten werden; dann endet die Figur entsprechend früher oder später zwischen Zirkelpunkt und Mitte der langen Seite – die gerade auslaufende Strecke endet im 30- bis 45-Grad-Winkel auf den Hufschlag.

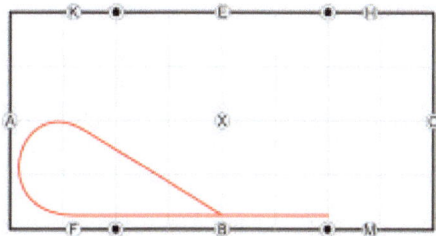

Zirkel

Der Zirkel ist eine kreisförmige Bahnfigur. Der normale Zirkel von 20 m Durchmesser, bei einer Bahn von 20 × 40 m in jeder Bahnhälfte einer, berührt an drei Punkten den Hufschlag (Reiten), und zwar Mitte der kurzen Seite sowie an den sogenannten Zirkelpunkten, die an den langen Seiten der Bahn in der Entfernung aus den Ecken liegen wie die halbe kurze Seite lang ist.

Der vierte Punkt liegt auf der Mittellinie, im Bahnmittelpunkt. Man spricht dabei von der offenen und der geschlossenen Zirkelseite; die offene ist der Halbkreis, der nicht die kurze Seite berührt, der geschlossene der diesem gegenüber liegende. Ebenfalls üblich ist der Mittelzirkel, bei dem der Hufschlag nur an den beiden Punkten Mitte der langen Seiten erreicht wird und das Zentrum im Mittelpunkt der Reitbahn liegt.

In der Schweiz wird der Ausdruck Zirkel nicht verwendet. Jeder auszuführende Kreis wird als Volte bezeichnet. Im Dressurprogramm wird der Punkt des Beginns und der Durchmesser angegeben.

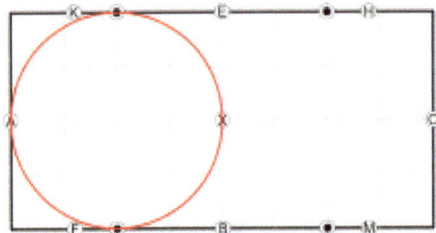

Aus dem Zirkel wechseln

Hierbei wird auf einem Zirkel geritten und Mitte der offenen Zirkelseite ein Handwechsel durchgeführt (beim Viereck 20 × 40 m also über dem Mittelpunkt der Bahn), um dann auf der anderen Hand ebenfalls einen Zirkel zu reiten. Es werden also zwei Zirkel durchritten, die sich nur an einem Punkt Mitte der Bahn berühren.

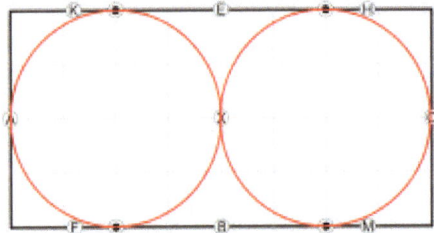

Durch den Zirkel wechseln

Der Reiter befindet sich auf einem Zirkel. Er wendet am Zirkelpunkt von der offenen Zirkelseite in einer halben Volte ab, reitet über den Mittelpunkt des Zirkels auf die kurze Seite zu, wechselt über dem Mittelpunkt die Hand und reitet in einer weiteren halben Volte auf der neuen Hand auf den anderen Zirkelpunkt zu; der Reiter beschreibt so eine S-Linie innerhalb des Zirkels, die vom einen Zirkelpunkt über einen Voltenhalbkreis zum Mittelpunkt und über einen weiteren Voltenhalbkreis auf der neuen Hand zum anderen Zirkelpunkt führt.

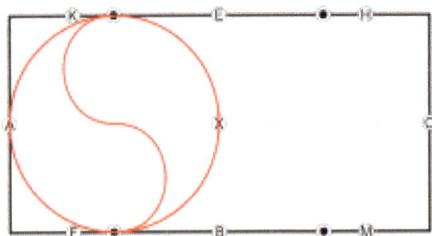

Schlangenlinien an der langen Seite, ein/zwei Bogen

Bei der einfachen Schlangenlinie wendet der Reiter nach dem Durchreiten der Ecke auf die lange Seite zu ab dem Wechselpunkt nach innen ab und reitet einen Bogen in die Bahn hinein, erreicht man die Mitte der Seite einen Abstand von 5 m, kehrt danach im leichten Bogen vor der nächsten Ecke am Wechselpunkt wieder auf den Hufschlag zurück. Bei der doppelten Schlangenlinie werden ab einem Wechselpunkt zwei Bögen mit einem Maximalabstand von 2,5 m von der Bande geritten, dabei kehrt das Pferd nach dem ersten Bogen zur Mitte der langen Seite auf den Hufschlag zurück und wendet danach erneut nach innen ab, um vor der Ecke am Wechselpunkt wieder den Hufschlag zu erreichen. Schlangenlinien dienen der biegenden Gymnastizierung (durch jeweilige Umstellung) des Pferdes.

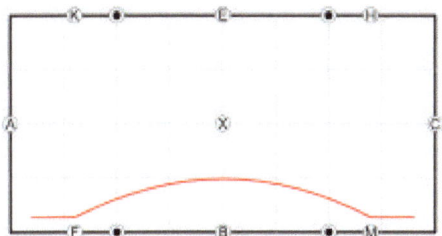

Schlangenlinien durch die ganze Bahn, drei/vier/fünf/sechs/sieben Bogen

Bei dieser Figur wechselt das Pferd zwischen den langen Seiten hin und her. Die Figur beginnt an der kurzen Seite, der Reiter durchreitet die Ecke und wendet dann parallel zur kurzen Seite ab und reitet im rechten Winkel auf die gegenüberliegende Bande zu. Dabei wird beim Überreiten der Mittellinie ein Handwechsel ausgeführt. Hat er die andere Bande bzw. den gegenüberliegenden Hufschlag erreicht, reitet er einen Bogen und kehrt auf die gleiche Weise wieder zur Anfangsseite zurück. Es gibt Schlangenlinien mit drei, vier, fünf, sechs oder sieben Bögen (letztere im Viereck 20 × 60 m).

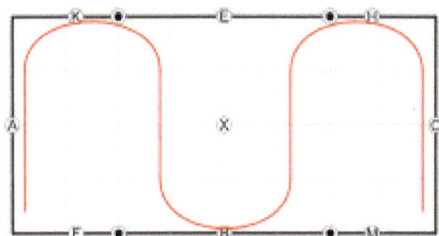

Die Acht

Bei dieser Figur wird eine Acht geritten. Beginnt man Sie am Hufsschlag wird erst eine halbe Volte geritten, richtet das Pferd gerade und wechselt auf der Mittellinie die Hand und reitet eine ganze Volte auf dieser Hand. Auf der Mittellinie wird dann wieder das Pferd gerade gerichtet und ein Handwechsel geritten und die Acht mit einer weiteren halben Volte beendet.

Bahnfiguren und Reitfiguren sind grundlegende Elemente in der Ausbildung von Pferd und Reiter. Sie dienen nicht nur der Entwicklung von Präzision und Geschmeidigkeit in der Bewegung, sondern auch der Verbesserung von Kommunikation, Vertrauen und Harmonie zwischen Reiter und Pferd.

Durch das systematische Üben dieser Figuren wird die Geschmeidigkeit und Balance des Pferdes gefördert, während der Reiter seine Hilfengebung und Körpersprache verfeinern kann.

Vielseitigkeit und Anwendung:

Bahnfiguren sind vielseitig einsetzbar und finden sowohl in der Dressur als auch im Springen, Vielseitigkeitsreiten und sogar im Freizeitreiten Anwendung. Ihre korrekte Ausführung erfordert und fördert eine fundierte Grundausbildung, die das Pferd auf höhere Anforderungen vorbereitet.

Körpersprachliche Kommunikation:

Der richtige Einsatz von Bahnfiguren ermöglicht eine präzise und feine Kommunikation mit dem Pferd. Reiter lernen, ihre Hilfen effektiv und subtil einzusetzen, was zu einer besseren Kontrolle und einem harmonischeren Miteinander führt.

Körperliche Fitness und Geschmeidigkeit:

Durch das Training mit Reitfiguren wird die Muskulatur des Pferdes gleichmäßig entwickelt und die Geschmeidigkeit verbessert. Dies trägt zur Vermeidung von Verletzungen bei und fördert die langfristige Gesundheit und Leistungsfähigkeit des Pferdes.

Mentale Stimulation:

Die Variation und Vielfalt der Bahnfiguren bieten mentale Anreize für das Pferd und beugen Langeweile vor. Dies ist besonders wichtig für das psychische Wohlbefinden und die Motivation des Pferdes.

Individuelle Anpassung: Bahnfiguren können an das Ausbildungsniveau und die speziellen Bedürfnisse von Pferd und Reiter angepasst werden. Dadurch sind sie ein wertvolles Werkzeug für die individuelle Förderung und das gezielte Training.

Zusammenfassend lässt sich sagen, dass Bahnfiguren und Reitfiguren essenzielle Bestandteile eines ganzheitlichen Trainingsprogramms sind.

Sie fördern nicht nur die körperliche und mentale Entwicklung des Pferdes, sondern auch die Fähigkeiten und das Einfühlungsvermögen des Reiters.

Reitplatz.

TEILNAHME AN WETTBEWERBEN

Teilnahme an Wettbewerben: Vorbereitung und Verständnis der Kriterien

Die Teilnahme an lokalen und regionalen Pferdeshows und Wettbewerben ist ein aufregender Aspekt des Reitsports, der Reitern und ihren Pferden die Möglichkeit bietet, ihre Fähigkeiten und ihre harte Arbeit zu präsentieren.

Um bei solchen Veranstaltungen erfolgreich zu sein, ist eine gründliche Vorbereitung notwendig.

Zudem ist es wichtig, ein tiefes Verständnis der Bewertungskriterien und der Wettbewerbsregeln zu haben.

Diese Aspekte sind entscheidend, um die Chancen auf Erfolg zu maximieren und ein positives und lehrreiches Erlebnis für beide, Reiter und Pferd, zu gewährleisten.

Vorbereitung auf lokale und regionale Pferdeshows und Wettbewerbe

Trainingsplanung:

Die Vorbereitung auf einen Wettbewerb beginnt Monate im Voraus.

Es ist wichtig, einen detaillierten Trainingsplan zu erstellen, der sowohl die physische als auch die psychische Vorbereitung des Pferdes berücksichtigt.

Der Plan sollte spezifische Ziele setzen und regelmäßige Trainingseinheiten einschließen, die allmählich auf die Anforderungen des Wettbewerbs hinarbeiten.

Ausrüstung und Präsentation:

Sicherstellen, dass die Ausrüstung des Pferdes, einschließlich Sattel, Zaumzeug und eventuelle Turnierbekleidung, in einwandfreiem Zustand ist, ist entscheidend.

Es kann nötig sein, neue Ausrüstung zu kaufen oder bestehende auszubessern.

Die Präsentation des Pferdes muss den Regeln des Wettbewerbs entsprechen, dazu gehört oft das sorgfältige Putzen und das korrekte Flechten der Mähne.

Mentaltraining und Routine:

Die mentale Vorbereitung ist ebenso wichtig wie das physische Training.

Dies kann durch das Üben von Entspannungstechniken, Visualisierung des Parcours und des Auftritts sowie durch das Etablieren einer beruhigenden Routine vor dem Eintritt in den Ring erfolgen.

Das Ziel ist es, Nervosität zu minimieren und das Selbstvertrauen zu stärken.

Verständnis der Bewertungskriterien und der Wettbewerbsregeln

Bewertungskriterien:

Die genauen Bewertungskriterien können je nach Disziplin und spezifischem

Wettbewerb variieren.

Allgemein wird jedoch meist die korrekte Ausführung der Aufgabe, die Harmonie zwischen Reiter und Pferd, die Haltung und Präsentation sowie die technische Schwierigkeit bewertet.

Es ist wichtig, sich im Vorfeld genau mit den spezifischen Kriterien des anstehenden Wettbewerbs vertraut zu machen.

Verständnis der Regeln:

Jeder Wettbewerb hat eigene Regeln, die die Teilnahmebedingungen, die Ausrüstung, das Verhalten auf dem Gelände und während des Wettbewerbs und die Sicherheitsprotokolle umfassen.

Ein tiefes Verständnis dieser Regeln ist entscheidend, um Disqualifikationen oder Strafpunkte zu vermeiden.

Es ist ratsam, sich mit dem Regelwerk des jeweiligen Verbandes vertraut zu machen und bei Unklarheiten nachzufragen.

Anmeldung und Logistik:

Die Anmeldung zu Wettbewerben muss oft frühzeitig erfolgen und erfordert in der Regel das Einreichen bestimmter Unterlagen, wie Leistungsnachweise und Gesundheitszeugnisse.

Planen Sie auch die logistischen Aspekte wie Transport, Unterbringung und Zeitpläne sorgfältig, um Stress zu minimieren.

Die Teilnahme an Pferdeshows und Wettbewerben erfordert umfangreiche Vorbereitungen und ein detailliertes Verständnis der Regeln und Bewertungskriterien.

Durch sorgfältige Planung, systematisches Training und die Berücksichtigung aller organisatorischen Aspekte kann die Teilnahme an solchen Veranstaltungen zu einer bereichernden und erfolgreichen Erfahrung für Reiter und Pferd werden.

Turniervorbereitung.

Jugendreiterprüfung:

Die Jugendreiterprüfung ist eine spezielle Prüfung für junge Reiterinnen und Reiter, die ihre Fähigkeiten im Pferdesport unter Beweis stellen möchten.

Diese Prüfung bietet eine Einführung in den Turniersport und ist oft der erste Schritt für junge Reiter auf ihrem Weg in den Reitsport. Die Anforderungen variieren je nach Niveau und Disziplin, können aber Dressur-, Spring- oder Vielseitigkeitsprüfungen umfassen.

In der Regel werden einfachere Dressurlektionen, niedrige Sprünge oder einfache Geländehindernisse verlangt. Die Jugendreiterprüfung bietet jungen Reitern eine Möglichkeit, erste Turniererfahrungen zu sammeln, sich mit Gleichaltrigen zu messen und ihre Fähigkeiten weiterzuentwickeln. Sie fördert den Spaß am Reitsport und bietet eine positive Lernerfahrung für junge Reiterinnen und Reiter.

Dressurprüfungen:
E-Dressur:

Diese Prüfung ist für Einsteiger konzipiert und beinhaltet grundlegende Dressurlektionen wie Schritt, Trab und Galopp in einfachen Übungen. Die Anforderungen sind niedrig und es wird ein einfacher Dressurplatz ohne allzu anspruchsvolle Elemente verwendet.

A-Dressur:

Die A-Dressur ist eine etwas fortgeschrittenere Prüfung und erfordert eine genauere Ausführung der Dressurlektionen. Sie beinhaltet Übergänge, Wendungen und einfache Dressurfiguren wie Zirkel und Schlangenlinien. Die Pferde sollten eine gute Balance und Rittigkeit zeigen.

Springprüfungen:

E-Springen:

Ähnlich wie die E-Dressur ist das E-Springen für Anfänger gedacht. Die Sprünge sind niedrig und einfach gestaltet, oft nicht höher als 50-60 cm. Die Anforderungen beinhalten das Überwinden von Hindernissen in einer bestimmten Reihenfolge und Tempo.

A-Springen:

Das A-Springen ist etwas anspruchsvoller und beinhaltet höhere Sprünge bis zu 80-90 cm. Die Prüfung erfordert eine gute Balance, Technik und Geschwindigkeit beim Springen verschiedener Hindernisse wie Oxer, Steilsprünge und Kombinationen.

Vielseitigkeitsprüfungen:

Einsteiger Vielseitigkeit:

Diese Prüfung kombiniert Dressur, Springen und Geländehindernisse auf niedrigem Niveau. Die Anforderungen sind für Anfänger geeignet und beinhalten einfache Dressurlektionen, niedrige Sprünge und natürliche Hindernisse wie kleine Wälle, Gräben und Wasser.

CIC/CIC2 Vielseitigkeit:

Diese Prüfungen sind auf höherem Niveau angesiedelt und beinhalten anspruchsvollere Dressurlektionen, größere und technisch anspruchsvolle Sprünge sowie längere und herausfordernde Geländestrecken mit natürlichen Hindernissen wie Baumstämmen, Mauern und Wasserelementen.

Fahrsportprüfungen:

Einfache Fahrprüfung:

Diese Prüfung richtet sich an Einsteiger im Fahrsport und beinhaltet das Fahren eines Ein- oder Zweispänners auf einem Dressurplatz mit einfachen Hindernissen wie Kegeln und Pylonen.

Marathonprüfung:

Die Marathonprüfung ist ein wichtiger Bestandteil des Fahrsports und beinhaltet das Fahren eines Gespanns über eine längere Distanz auf einer anspruchsvollen Geländestrecke mit natürlichen und künstlichen Hindernissen.

Diese Prüfungen stellen nur eine Auswahl dar und es gibt viele weitere Prüfungen in verschiedenen Disziplinen des Pferdesports, die jeweils ihre eigenen Anforderungen und Schwierigkeitsgrade haben. Es ist wichtig, das richtige Level für das eigene Können und das des Pferdes zu wählen, um eine positive und sichere Erfahrung zu gewährleisten.

SPEZIELLE AUSRÜSTUNG FÜR WETTBEWERBE

Die Teilnahme an einem Reitturnier erfordert eine sorgfältige Vorbereitung und die richtige Ausrüstung, um sowohl den Reiter als auch das Pferd optimal auf die verschiedenen Anforderungen des Wettbewerbs vorzubereiten.

Von der Kleidung des Reiters bis hin zur Ausrüstung für das Pferd und den Pferdeanhänger – hier ist eine detaillierte Übersicht über die benötigte spezielle Ausrüstung.

Kleidung des Reiters

1. Reithelm:

Ein gut sitzender, geprüfter Reithelm ist unerlässlich für die Sicherheit des Reiters. Der Helm sollte den aktuellen Sicherheitsstandards entsprechen (z.B. VG1, ASTM/SEI).

2. Reitjacke:

Für Turniere ist oft eine formelle Reitjacke vorgeschrieben. Diese sollte gut sitzen, Bewegungsfreiheit bieten und aus einem atmungsaktiven Material bestehen. Die Farben sind meist dunkel (schwarz, navy, grau).

3. Reitshirt oder Bluse:

Unter der Reitjacke wird ein Turniershirt oder eine Bluse getragen, häufig mit einem weißen Stehkragen oder Plastron. Es sollte aus einem atmungsaktiven und feuchtigkeitsableitenden Material sein.

4. Reithose:

Eine gut sitzende, bequeme Reithose ist entscheidend. Für Turniere sind oft weiße oder beige Reithosen vorgeschrieben. Sie sollten eng anliegen, aber genügend Bewegungsfreiheit bieten.

5. Reitstiefel:

Hohe Reitstiefel aus Leder oder synthetischem Material sind notwendig. Sie bieten Halt und Schutz für das Bein und sorgen für eine korrekte Fußstellung im Steigbügel. Die Stiefel sollten sauber und poliert sein.

6. Handschuhe:

Reithandschuhe bieten besseren Halt und schützen die Hände vor Reibung. Sie sollten gut sitzen und aus einem griffigen Material bestehen.

7. Sicherheitsweste (bei Bedarf):

In Disziplinen wie Vielseitigkeit oder Geländeritten ist das Tragen einer Sicherheitsweste Pflicht. Sie schützt den Oberkörper bei Stürzen und sollte den Sicherheitsstandards entsprechen.

Ausrüstung für das Pferd

1. Sattel:

Der Sattel muss gut passen und für die spezifische Disziplin geeignet sein, sei es Dressur, Springen oder Vielseitigkeit. Ein schlecht sitzender Sattel kann zu Unbehagen und gesundheitlichen Problemen führen.

2. Satteldecke:

Eine spezielle Turnier-Satteldecke ist oft vorgeschrieben. Sie sollte gut passen, atmungsaktiv sein und Feuchtigkeit ableiten. Dressur- und Springreitern sind in der Regel weiße Satteldecken vorgeschrieben.

3. Zaumzeug:

Das Zaumzeug muss gut passen und aus hochwertigem Material bestehen. Es sollte regelmäßig auf Abnutzung überprüft und gepflegt werden. Je nach Disziplin können spezifische Anforderungen an Gebisse und Nasenriemen gestellt werden.

4. Gamaschen und Bandagen:

Zum Schutz der Pferdebeine werden Gamaschen oder Bandagen verwendet, besonders in Spring- und Vielseitigkeitsprüfungen. Sie sollten gut passen und korrekt angelegt werden.

5. Martingal oder Hilfszügel (falls erlaubt):

In manchen Disziplinen sind bestimmte Hilfszügel erlaubt, die das Pferd in der richtigen Kopf- und Halsposition unterstützen. Es ist wichtig, die Turniervorschriften zu kennen.

6. Turnierschabracke:

Eine spezielle Turnierschabracke wird unter dem Sattel verwendet. Sie sollte gut passen, sauber und oft in der Turnierfarbe (meist weiß) sein.

7. Hufschutz:

Hufeisen oder Hufschuhe schützen die Hufe des Pferdes vor Abnutzung und Verletzungen. Bei Springturnieren sind Hufglocken oft vorgeschrieben, um die

Pferdeanhänger.

Ballen zu schützen.

Pferdeanhänger und Transportausrüstung

1. Pferdeanhänger:

Der Pferdeanhänger sollte in gutem Zustand und für den sicheren Transport von Pferden geeignet sein. Er muss regelmäßig gewartet und überprüft werden.

2. Transportgamaschen und -decke:

Transportgamaschen schützen die Beine des Pferdes während des Transports. Eine Transportdecke kann verwendet werden, um das Pferd bei kaltem Wetter warm zu halten.

3. Heunetz:

Ein Heunetz im Anhänger sorgt dafür, dass das Pferd während der Fahrt Zugang zu Futter hat und ruhig bleibt.

4. Wasservorrat:

Ausreichend Wasser für das Pferd ist wichtig, sowohl für den Transport als auch für die Zeit auf dem Turniergelände.

Weitere nützliche Ausrüstung

1. Erste-Hilfe-Set für Pferd und Reiter:

Ein gut bestücktes Erste-Hilfe-Set ist unerlässlich. Es sollte Verbandsmaterial, Desinfektionsmittel, Schmerzmittel und andere wichtige Utensilien enthalten.

2. Putzzeug:

Eine vollständige Putzkiste mit Bürsten, Kämmen, Schwämmen und Hufauskratzern ist notwendig, um das Pferd vor dem Turnier gründlich zu pflegen.

3. Eimer und Schwämme:

Eimer und Schwämme sind praktisch für das Waschen des Pferdes und für die Wasserversorgung.

4. Longierausrüstung:

Longierleine und Longierpeitsche können nützlich sein, um das Pferd vor dem Wettkampf aufzuwärmen.

5. Hufpflegeprodukte:

Huföl oder Hufbalsam hält die Hufe in gutem Zustand. Ein Hufauskratzer ist ebenfalls notwendig, um Schmutz und Steine zu entfernen.

Fazit

Die Teilnahme an einem Reitturnier erfordert eine gründliche Vorbereitung und die richtige Ausrüstung für sowohl den Reiter als auch das Pferd.

Von der Kleidung des Reiters über die spezielle Ausrüstung des Pferdes bis hin zum Pferdeanhänger – jedes Detail zählt, um sicherzustellen, dass beide optimal vorbereitet sind.

Eine gute Vorbereitung und die richtige Ausrüstung tragen nicht nur zur Sicherheit und zum Wohlbefinden bei, sondern können auch den Unterschied zwischen einem durchschnittlichen und einem erfolgreichen Turnierauftritt ausmachen.

Springturnier.

DIE GESUNDHEIT IHRES PFERDES

Pferde können von einer Vielzahl von Krankheiten betroffen sein, die von leicht behandelbaren Beschwerden bis hin zu schweren Erkrankungen reichen, die ernsthafte gesundheitliche Auswirkungen haben können.

Es ist für Pferdehalter wichtig, die Symptome dieser Krankheiten zu erkennen und zu verstehen, um schnell und effektiv reagieren zu können.

Im Folgenden werden einige der häufigsten und bedeutendsten Pferdekrankheiten detailliert erläutert.

Kolik

Kolik ist der Überbegriff für Bauchschmerzen bei Pferden und kann verschiedene Ursachen haben, einschließlich Verstopfung, Darmverschlingungen und

Gasaufbau. Symptome können Unruhe, wiederholtes Hinlegen und Aufstehen, Schwitzen und Abwehr beim Berühren des Bauches sein.

Kolik kann lebensbedrohlich sein, wenn sie nicht behandelt wird, da einige Ursachen wie Darmverschlingungen chirurgisch behandelt werden müssen.

Hufrehe (Laminitis)

Hufrehe ist eine Entzündung der lamellaren Strukturen im Huf, die den Hufknochen im Huf halten.

Sie kann durch Überfütterung mit kohlenhydratreicher Nahrung, durch systemische Infektionen, als Nebenwirkung von Medikamenten oder durch übermäßige Belastung ausgelöst werden.

Symptome sind Lahmheit, erhöhte Pulsation der Hufsohle und Schwierigkeiten beim Bewegen. Hufrehe kann zu dauerhaften Schäden am Huf führen und erfordert sofortige tierärztliche Betreuung.

Equine Infektiöse Anämie (EIA)

EIA, auch bekannt als „Swamp Fever", ist eine virale Blutkrankheit, die durch blutsaugende Insekten übertragen wird.

Die Krankheit ist unheilbar und kann zu intermittierendem Fieber, Gewichtsverlust, Anschwellen der Unterbauchorgane und allgemeiner Schwäche führen. Pferde, die positiv auf EIA getestet werden, müssen oft aus der Population entfernt und unter Quarantäne gestellt werden, um eine Ausbreitung des Virus zu verhindern.

Strangles (Druse)

Druse ist eine hochansteckende bakterielle Infektion, die von Streptococcus equi verursacht wird.

Sie ist gekennzeichnet durch abszedierende Lymphknoten, die oft am Kopf und Hals anschwellen, Fieber, Nasenausfluss und Appetitlosigkeit.

Druse kann schwerwiegende Komplikationen wie Bastard-Druse verursachen, bei der die Abszesse in anderen Körperteilen auftreten. Die Krankheit erfordert eine strenge Quarantäne der betroffenen Pferde.

West-Nil-Virus (WNV)

Das West-Nil-Virus ist eine durch Mücken übertragene Erkrankung, die das zentrale Nervensystem von Pferden betrifft.

Symptome umfassen Fieber, Muskelschwäche, Koordinationsprobleme, Zittern und manchmal Lähmungen.

Es gibt Impfstoffe gegen das West-Nil-Virus, die als präventive Maßnahme empfohlen werden, da die Krankheit schwerwiegend sein kann und in einigen Fällen tödlich verläuft.

Equines Cushing-Syndrom (ECS)

Das Equine Cushing-Syndrom, auch bekannt als PPID (Pituitary Pars Intermedia Dysfunction), ist eine Erkrankung, die meist ältere Pferde betrifft und durch eine übermäßige Produktion von ACTH in der Hirnanhangsdrüse verursacht wird.

Symptome sind übermäßiger Durst, vermehrtes Urinieren, Fellveränderungen und allgemeine Hinfälligkeit. Obwohl ECS nicht heilbar ist, kann es mit Medikamenten gut verwaltet werden.

Equine Herpesvirus-Infektionen

Equine Herpesvirus (EHV) Infektionen können respiratorische Erkrankungen, neurologische Störungen und Aborte bei Stuten verursachen.

Die Symptome variieren je nach Virusstamm, können aber Fieber, respiratorische Beschwerden, Lahmheit und in schweren Fällen neurologische Ausfälle umfassen. Impfungen sind verfügbar und werden empfohlen, um die Verbreitung des Virus zu kontrollieren.

Die Kenntnis dieser Krankheiten und ihrer Symptome ist entscheidend für Pferdehalter und -betreuer, um schnelle und effektive Maßnahmen zu ergreifen und so das Leiden der Tiere zu minimieren und ihre Gesundheit zu schützen.

Regelmäßige veterinärmedizinische Kontrollen und vorbeugende Maßnahmen, wie Impfungen und angemessene Hygienepraktiken, sind unerlässlich, um die Verbreitung von Krankheiten zu verhindern und die Gesundheit der Pferde zu erhalten.

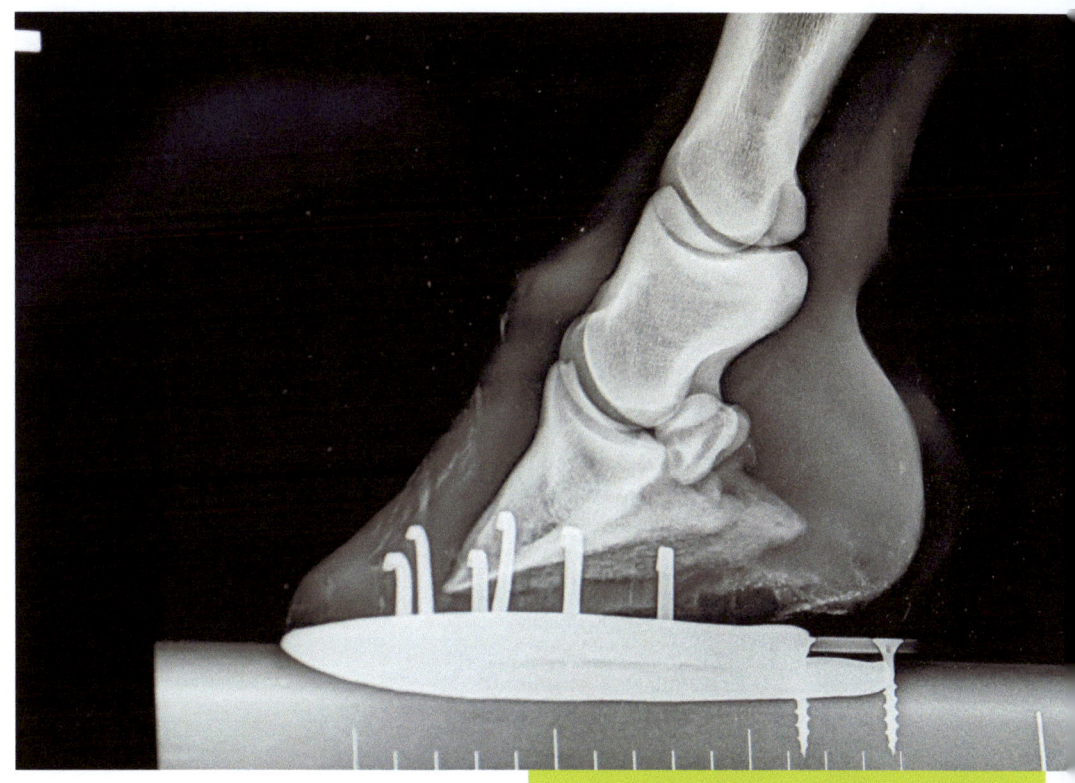

Röntgen muss schonmal sein.

Das Schönste, was Du Deinem Pferd schenken kannst, ist Zeit. Denn damit schenkst Du ihm ein Stück Deines Lebens."

VERFASSER UNBEKANNT

RASSESPEZIFISCHE KRANKHEITEN BEIM ARABER

Araberpferde, bekannt für ihre Eleganz, Ausdauer und Intelligenz, sind eine der ältesten Pferderassen der Welt.

Wie alle Rassen haben auch Araber bestimmte rassespezifische Gesundheitsprobleme, die sowohl genetisch bedingt sein können als auch aufgrund ihrer körperlichen Konstitution und ihres Temperaments entstehen.

Es ist wichtig für Züchter und Besitzer, diese potenziellen Gesundheitsprobleme zu kennen, um präventive Maßnahmen zu ergreifen und die richtige Pflege zu gewährleisten.

Hier folgt ein Überblick über einige der häufigsten rassespezifischen

Krankheiten bei Araberpferden.

Cerebelläre Abiotrophie (CA)

Cerebelläre Abiotrophie ist eine neurologische Erkrankung, die bei Araberpferden vorkommt.

Sie wird autosomal-rezessiv vererbt und führt zu einer Degeneration der Gehirnzellen im Kleinhirn, dem Teil des Gehirns, der für die Koordination der Bewegung verantwortlich ist.

Fohlen, die von CA betroffen sind, zeigen typischerweise Symptome wie Kopfzittern und Schwierigkeiten bei der Koordination ihrer Bewegungen (Ataxie).

Diese Symptome sind oft schon kurz nach der Geburt erkennbar.

Es gibt derzeit keinen Heilungsansatz für CA, daher ist eine genetische Testung der Zuchtpferde von entscheidender Bedeutung, um die Verbreitung dieser Krankheit zu verhindern.

Equine Lavender Foal Syndrome (LFS)

Das Lavender Foal Syndrome, auch bekannt als Coat Color Dilution Lethal, ist eine weitere genetische Störung, die speziell bei Araberpferden auftritt.

Die Krankheit führt zu neurologischen Störungen, die in den ersten Lebenstagen zum Tod führen.

Fohlen mit LFS werden typischerweise mit einem verdünnten Fell, das oft einen lavendelfarbenen Schimmer hat, geboren und können Krämpfe und andere motorische Kontrollprobleme zeigen.

Wie bei CA ist auch hier die genetische Testung der Elterntiere der beste Weg, um das Risiko der Vererbung von LFS zu vermeiden.

Severe Combined Immunodeficiency (SCID)

SCID ist eine tödliche Erbkrankheit, die das Immunsystem des Pferdes betrifft, und führt dazu, dass die betroffenen Fohlen keine funktionsfähigen B- und T-Lymphozyten produzieren können.

Dies führt zu einer extremen Anfälligkeit für Infektionen, und die meisten betroffenen Fohlen sterben innerhalb der ersten Monate an opportunistischen Infektionen.

Glücklicherweise kann SCID durch einen einfachen genetischen Test identifiziert werden, und verantwortungsbewusste Züchter können diese Krankheit durch sorgfältige Zuchtauswahl verhindern.

Occipitoatlantoaxiale Malformation (OAAM)

OAAM ist eine angeborene Fehlbildung der Halswirbelsäule bei Araberpferden.

Diese Anomalie kann zu neurologischen Symptomen führen, die von leichten Koordinationsstörungen bis hin zu schweren Bewegungsstörungen reichen. In einigen Fällen kann OAAM chirurgisch behandelt werden, aber die Prognose hängt vom Schweregrad der Malformation ab.

Metabolisches Syndrom

Araberpferde sind anfällig für Stoffwechselprobleme wie das Equine Metabolic Syndrome (EMS), das durch Insulinresistenz, Hufrehe und Übergewicht gekennzeichnet ist.

Die Verwaltung der Diät und des Gewichts der Pferde spielt eine entscheidende Rolle bei der Prävention von EMS.

Schlussfolgerung

Die Kenntnis dieser rassespezifischen Gesundheitsprobleme ermöglicht es Züchtern und Besitzern von Araberpferden, geeignete Maßnahmen zur Vorbeugung, Diagnose und Behandlung zu treffen.

Regelmäßige tierärztliche Kontrollen, genetische Tests und eine angepasste Haltung und Ernährung sind entscheidend, um die Gesundheit und das Wohlbefinden dieser außergewöhnlichen Pferderasse zu gewährleisten.

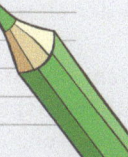

Kerngesund!

„In traurigen Momenten sind es oft unsere Pferde, die einfach nur da sind und Trost spenden."

GABRIELE DIETRICH

LANGFRISTIGE PFLEGE UND MANAGEMENT

Die langfristige Pflege und das Management von Pferden erfordern ein tiefes Verständnis der Bedürfnisse dieser Tiere über ihre gesamte Lebensspanne hinweg.

Besonders der Umgang mit älteren Pferden stellt besondere Herausforderungen dar, sowohl in Bezug auf das Gesundheitsmanagement als auch hinsichtlich der altersgerechten Aktivitäten.

Zudem sind finanzielle Überlegungen und die Planung für die Zukunft wesentliche Aspekte, die verantwortungsbewusste Pferdebesitzer berücksichtigen müssen.

Umgang mit älteren Pferden: Gesundheitsmanagement und altersgerechte Aktivitäten

Gesundheitsmanagement:

Ältere Pferde, oft als solche betrachtet, die das Alter von 20 Jahren überschritten haben, benötigen eine angepasste medizinische Betreuung.

Ihr Gesundheitszustand sollte regelmäßig überwacht werden, einschließlich jährlicher tierärztlicher Untersuchungen, die dabei helfen, altersbedingte Probleme wie Arthritis, Zahnprobleme und Sehstörungen frühzeitig zu erkennen und zu behandeln.

Zahnfürsorge:

Ältere Pferde neigen zu Zahnproblemen, die das Fressverhalten beeinträchtigen können. Regelmäßige Kontrollen und Korrekturen durch einen Pferdezahnarzt sind entscheidend.

Ernährungsmanagement:

Mit zunehmendem Alter können Pferde Schwierigkeiten haben, Gewicht zu halten. Ihre Ernährung muss möglicherweise angepasst werden, um leichter verdauliche Futterformen zu integrieren, die reich an essentiellen Nährstoffen sind.

Bewegungsprogramm:

Regelmäßige, leichte Bewegung ist wichtig, um die Mobilität zu erhalten und die Muskulatur zu stärken. Dies sollte entsprechend der individuellen Gesundheit und dem Komfort des Pferdes angepasst werden.

Altersgerechte Aktivitäten:
Es ist wichtig, dass ältere Pferde geistig und körperlich stimuliert bleiben, jedoch ohne sie zu überfordern.

Leichte Arbeit:

Dazu können leichte Reitübungen, Spaziergänge oder Bodenarbeit gehören.

Soziale Interaktion:

Der Kontakt zu anderen Pferden und Menschen sollte gefördert werden, da soziale Interaktion dazu beitragen kann, die Lebensqualität zu verbessern und Depressionen vorzubeugen.

Planung für die Zukunft: Finanzielle Überlegungen und Verantwortung

Finanzielle Planung:

Die Kosten für die Pflege eines Pferdes können im Alter steigen, vor allem durch erhöhte medizinische Ausgaben. Eine finanzielle Planung ist daher essentiell.

Versicherung:

Eine Überlegung könnte sein, eine Versicherung abzuschließen, die speziell auf ältere Pferde zugeschnitten ist, um potenzielle medizinische Kosten abzudecken.

Rücklagenbildung:

Es ist ratsam, Rücklagen für unvorhergesehene Ausgaben zu bilden, insbesondere für Notfallbehandlungen oder spezielle Pflegebedürfnisse.

Zukunftsplanung:

Es ist wichtig, langfristige Pläne für die Betreuung des Pferdes zu machen, einschließlich der Überlegung, wer die Verantwortung übernehmen könnte, falls der Besitzer dazu nicht mehr in der Lage ist.

Testament und Nachlassplanung:

Inkludieren Sie Ihr Pferd in Ihre Planungen, um sicherzustellen, dass es auch nach Ihrem Ableben gut versorgt ist.

Suche nach einem Lebensplatz:

Möglicherweise möchten Sie einen Lebensplatz für Ihr älteres Pferd finden, einen Ort, an dem es seinen Lebensabend verbringen kann.

Die langfristige Pflege und das Management von Pferden erfordern eine umfassende Planung und Überlegung.

Dies umfasst die fortlaufende Überwachung und Anpassung der Pflegepraktiken, um den sich ändernden Bedürfnissen des älter werdenden Pferdes gerecht zu werden, sowie die finanzielle und zukunftsorientierte Planung, um sicherzustellen, dass das Pferd durchgehend gut versorgt ist.

Mit der richtigen Vorbereitung und Hingabe können ältere Pferde ein komfortables und zufriedenstellendes Leben führen, das reich an Fürsorge und Würde ist.

Araberpferde, eine der ältesten und kulturell bedeutendsten Pferderassen der Welt, sind für ihre Langlebigkeit und Robustheit bekannt. Ihre Lebenserwartung wird maßgeblich von Genetik, Pflege, Ernährung und Lebensbedingungen beeinflusst.

Wir verschaffen uns hier einen umfassenden Überblick über die Lebenserwartung von Araberpferden, die Faktoren, die sie beeinflussen, und wie Besitzer ihre Lebensqualität im Alter verbessern können.

Durchschnittliche Lebenserwartung

Die durchschnittliche Lebenserwartung eines Araberpferdes liegt in der Regel zwischen 25 und 30 Jahren, wobei viele Exemplare auch deutlich älter werden können.

Einige Araber erreichen das Alter von 35 oder mehr, abhängig von ihrer Gesundheitsgeschichte und der Qualität der Pflege, die sie erhalten.

Diese Langlebigkeit übertrifft oft die vieler anderer Pferderassen, was teilweise auf ihre genetischen Ursprünge und historische Zuchtpraktiken zurückzuführen ist.

Faktoren, die die Lebenserwartung beeinflussen

Genetik:

Araberpferde sind genetisch dafür bekannt, eine starke Konstitution und gute allgemeine Gesundheit zu haben. Diese genetische Robustheit trägt zu ihrer Fähigkeit bei, auch in höherem Alter gesund zu bleiben.

Pflege:

Die Qualität der Pflege ist ein entscheidender Faktor für die Lebenserwartung jedes Pferdes. Regelmäßige tierärztliche Kontrollen, eine angemessene Ernährung, regelmäßige Bewegung und eine saubere, sichere Umgebung sind essentiell, um die Gesundheit und das Wohlbefinden des Pferdes zu gewährleisten.

Ernährung:

Eine ausgewogene Ernährung, die auf das Alter, den Gesundheitszustand und das Aktivitätsniveau des Pferdes abgestimmt ist, spielt eine entscheidende Rolle bei der Förderung der Langlebigkeit.

Ältere Pferde benötigen oft spezielle Diäten, um ihre metabolischen Bedürfnisse zu erfüllen und Gewichtsprobleme zu vermeiden.

Lebensbedingungen:

Gute Lebensbedingungen, die ausreichend Schutz vor Wetterextremen bieten, Zugang zu sauberem Wasser und regelmäßige Bewegungsmöglichkeiten umfassen, tragen dazu bei, Stress zu reduzieren und die Gesundheit zu fördern.

Präventive Gesundheitsmaßnahmen:

Regelmäßige Entwurmung, Impfungen und zahnärztliche Versorgung sind entscheidend, um ernsthafte Gesundheitsprobleme zu vermeiden, die die Lebensspanne verkürzen können.

Verbesserung der Lebensqualität im Alter

Angepasstes Training:

Ältere Araber profitieren von leichter, regelmäßiger Bewegung, die ihre Muskelkraft, Flexibilität und den Kreislauf unterstützt.

Es ist wichtig, das Trainingsprogramm an die individuellen Bedürfnisse und die gesundheitlichen Einschränkungen des älteren Pferdes anzupassen.

Spezialisierte Gesundheitsversorgung:

Neben den Standard-Gesundheitskontrollen benötigen ältere Pferde spezielle

Aufmerksamkeit für altersbedingte Probleme wie Arthritis, Herz-Kreislauf-Erkrankungen oder Zahnprobleme. Eine regelmäßige Bewertung durch einen Tierarzt hilft, solche Bedingungen frühzeitig zu erkennen und zu behandeln.

Soziale Interaktion:

Die Aufrechterhaltung sozialer Kontakte zu anderen Pferden und Menschen kann Stress reduzieren und das allgemeine Wohlbefinden verbessern. Araber sind bekannt für ihre starke Bindung zu ihren Besitzern und Pflegern, was im Alter weiterhin eine wichtige Rolle spielt.

Die Lebenserwartung von Araberpferden ist beeindruckend und kann durch sorgfältige Aufmerksamkeit auf die Gesundheitspflege, Ernährung und Lebensbedingungen weiter optimiert werden.

Besitzer von Araberpferden sollten darauf achten, ihren Tieren eine hohe Lebensqualität zu bieten, besonders im Alter, um ihre bemerkenswerte Langlebigkeit voll auszuschöpfen.

Mit der richtigen Pflege können diese edlen Tiere viele glückliche und gesunde Jahre mit ihren Menschen verbringen.

DIE KULTURELLE BEDEUTUNG DES ARABERPFERDES HEUTE

Das Araberpferd, bekannt für seine Eleganz, Intelligenz und Ausdauer, ist nicht nur eine der ältesten Pferderassen der Welt, sondern spielt auch heute noch eine bedeutende Rolle in der modernen Kultur und Medien.

Die anhaltende Faszination und Verehrung dieser Pferderasse zeigt sich in vielfältigen Aspekten unserer Gesellschaft – von der Präsenz in den Medien bis hin zu globalen Erhaltungsbemühungen und einer engagierten Gemeinschaft von Liebhabern und Züchtern.

Die Rolle des Araberpferdes in modernen Medien und Kultur
Araberpferde sind aufgrund ihrer beeindruckenden Schönheit und Anmut be-

liebte Motive in Filmen, Fernsehserien und Werbung.

Ihre Präsenz in den Medien erstreckt sich über verschiedene Genres, von historischen Dramen, die ihre Rolle in der Geschichte hervorheben, bis hin zu modernen Geschichten, die ihre Vielseitigkeit und Verbindung zu den Menschen betonen.

Araberpferde sind oft in epischen Filmszenen zu sehen, wo ihre Schnelligkeit und ihr mutiges Herz hervorstechen, was dem Publikum ihre legendäre Bedeutung und ihren kulturellen Wert nahebringt.

In der Kunst sind Araberpferde seit Jahrhunderten ein beliebtes Objekt, und diese Tradition setzt sich auch in der zeitgenössischen Malerei und Fotografie fort.

Ihre Darstellung geht über die reine Abbildung hinaus und erreicht oft eine symbolische Ebene, auf der Attribute wie Freiheit, Schönheit und Adel verkörpert werden.

Darüber hinaus sind Araberpferde auch ein zentrales Element in vielen kulturellen Festivals und Veranstaltungen, insbesondere im Nahen Osten und in Nordafrika, wo sie tief in der kulturellen Identität verwurzelt sind.

Erhaltungsbemühungen und die globale Gemeinschaft der Araberpferdeliebhaber

Die globale Gemeinschaft der Araberpferdeliebhaber spielt eine entscheidende Rolle bei der Erhaltung der Reinheit und der historischen Bedeutung dieser Rasse.

Züchter und Organisationen auf der ganzen Welt arbeiten zusammen, um die genetische Vielfalt der Araberpferde zu bewahren und ihre Qualitäten für zukünftige Generationen zu sichern.

Zu diesen Bemühungen gehören sorgfältige Zuchtprogramme, die sich an strengen Standards orientieren, sowie die Nutzung moderner Technologien wie genetische Tests, um Erbkrankheiten zu vermeiden und die Gesundheit der Rasse zu fördern.

Ein weiterer wichtiger Aspekt der Erhaltungsbemühungen ist die Bildung.

Zahlreiche Vereine und Organisationen bieten Seminare, Workshops und

Informationsmaterialien an, um das Bewusstsein für die besonderen Bedürfnisse und die richtige Pflege von Araberpferden zu schärfen.

Sie fördern auch den kulturellen Austausch durch internationale Wettbewerbe und Ausstellungen, die nicht nur die Schönheit und Leistungsfähigkeit der Araberpferde zeigen, sondern auch Gelegenheiten für Züchter und Liebhaber bieten, sich auszutauschen und voneinander zu lernen.

Darüber hinaus engagieren sich viele Liebhaber in der Rettung und im Schutz von Araberpferden, die in Not geraten sind.

Durch Rettungsaktionen und Wiederaufbauprogramme helfen sie, missbrauchte oder vernachlässigte Pferde zu rehabilitieren und ihnen ein neues Zuhause zu geben.

Diese Bemühungen unterstreichen das tiefe Engagement der Gemeinschaft für das Wohlergehen dieser edlen Tiere.

Das Araberpferd hat seine kulturelle Bedeutung und seinen Wert über die Jahrhunderte hinweg nicht nur bewahrt, sondern in der modernen Welt noch erweitert.

Durch seine Präsenz in den Medien trägt es weiterhin zur kulturellen Vielfalt bei und inspiriert Menschen auf der ganzen Welt.

Die engagierte Gemeinschaft der Araberpferdeliebhaber spielt eine zentrale Rolle in den Erhaltungsbemühungen, die sicherstellen, dass die faszinierende Geschichte und die außergewöhnlichen Eigenschaften der Araberpferde auch zukünftigen Generationen erhalten bleiben.

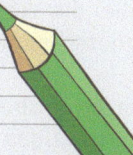

So hübsche Tiere!

„Wenn Dein Pferd nein sagt, hast Du entweder die Frage falsch gestellt oder die falsche Frage gestellt."

- Pat Parelli-

EINE BEREICHERUNG FÜR JUNGE REITER

Araberpferde, bekannt für ihre Schönheit, Intelligenz und ihr freundliches Wesen, sind ausgezeichnete Begleiter für Kinder und junge Reiter.

Diese Pferde bieten nicht nur eine Plattform für den Einstieg in den Reitsport, sondern tragen auch zur Entwicklung wichtiger Lebensfähigkeiten bei.

Anbei die Vorteile der Interaktion zwischen Araberpferden und Kindern, geeignete Reitaktivitäten und Sicherheitsaspekte erörtert.

Warum Araberpferde ideal für Kinder sind
Sanftmütiges und geduldiges Temperament:
Araberpferde sind für ihr sanftes und geduldiges Temperament bekannt, was

sie zu idealen Partnern für junge und oft unerfahrene Reiter macht.

Ihre Sensibilität ermöglicht es ihnen, auf die Emotionen ihrer jungen Reiter einzugehen, was besonders wichtig ist, um bei Kindern Vertrauen und Sicherheit zu fördern.

Intelligenz und Lernfähigkeit:

Araber sind äußerst intelligent und lernwillig, was sie zu ausgezeichneten Lehrpferden macht.

Sie sind oft sehr darauf bedacht, ihrem Reiter zu gefallen, was das Lernen von neuen Fähigkeiten erleichtert. Ihre Fähigkeit, schnell zu lernen und zu adaptieren, macht sie zu idealen Kandidaten für Lehrzwecke in Reitschulen.

Größe und Körperbau:

Die Größe der Araberpferde ist ebenfalls ein Vorteil, da sie in der Regel kleiner und leichter als viele andere Pferderassen sind.

Dies kann für Kinder weniger einschüchternd sein und bietet eine angemessenere und sicherere Reiterfahrung.

Reitaktivitäten für Kinder mit Araberpferden

Dressurreiten:

Dressurreiten ist eine großartige Disziplin, um Kindern die Grundlagen des Reitens zu vermitteln.

Araberpferde, bekannt für ihre elegante Bewegung und gute Haltung, sind hervorragende Dressurpferde.

Sie können jungen Reitern helfen, ein tiefes Verständnis für Rhythmus, Balance und die Feinheiten der Reiterhilfen zu entwickeln.

Freizeitreiten:

Freizeitreiten, wie Ausritte in der Natur oder einfache Reitübungen auf dem Platz, ist eine hervorragende Möglichkeit, Kindern die Freude am Reiten näherzubringen.

Araberpferde, die oft eine starke Bindung zu ihren Menschen aufbauen, sind treue Begleiter auf solchen entspannten Ausflügen.

Jugendwettbewerbe:

Viele Reitverbände bieten spezielle Wettbewerbe und Klassen für junge Reiter an. Araberpferde können in verschiedenen Disziplinen, von Unterhaltsamen Shows bis hin zu leistungsbasierten Wettbewerben, eingesetzt werden, was Kindern die Möglichkeit gibt, ihre Fähigkeiten in einem unterstützenden und wettbewerbsfähigen Umfeld zu zeigen.

Sicherheitsaspekte beim Umgang von Kindern mit Araberpferden

Professionelle Anleitung:

Es ist entscheidend, dass Kinder unter der Aufsicht von erfahrenen Trainern und in einer sicheren Umgebung lernen. Professionelle Reitlehrer können nicht nur die Reitfähigkeiten vermitteln, sondern auch den sicheren Umgang mit Pferden lehren.

Geeignete Ausrüstung:

Kinder sollten stets die passende Sicherheitsausrüstung tragen, einschließlich Reithelme, Sicherheitswesten und geeignetes Schuhwerk. Die Ausrüstung des Pferdes, wie Sättel und Zaumzeug, muss regelmäßig überprüft und an die Größe des Kindes angepasst werden.

Lernen der Pferdepflege:

Die Einbeziehung von Kindern in die Pflege ihrer Araberpferde, wie Putzen und Satteln, fördert nicht nur die Verantwortung, sondern auch das Verständnis und die Achtung für das Wohlergehen der Tiere.

Araberpferde bieten eine wunderbare Gelegenheit für Kinder, das Reiten zu lernen und eine tiefe Verbindung zu diesen edlen Tieren aufzubauen.

Ihre Intelligenz, Geduld und Größe machen sie zu idealen Lehrpferden. Mit der richtigen Anleitung und Ausrüstung können Araberpferde dazu beitragen, Kindern eine sichere und bereichernde Einführung in die Welt des Reitsports zu bieten.

Ein gutes Team!

„Wer sein Pferd führen will, sollte ihm zuerst einen Grund geben zu folgen!"

IFRIT KISELMANN

IHR PFERD UND DIE ANDEREN TIERE

Das Zusammenleben eines Pferdes mit anderen Haustieren kann eine bereichernde Erfahrung sowohl für die Tiere als auch für ihre Besitzer sein.

Pferde sind in der Regel soziale Wesen, die sich oft gut mit anderen Tieren verstehen, vorausgesetzt, die Einführung und das Zusammenleben werden sorgfältig gemanagt.
Hier finden Sie Tipps und wichtige Überlegungen, um ein harmonisches Zusammenleben zwischen Ihrem Pferd und anderen Haustieren wie Hunden, Katzen und sogar Nutztieren zu fördern.

Vorbereitung und Einführung

Einführungsphase:

Die Einführung neuer Tiere sollte schrittweise und kontrolliert erfolgen.

Pferde können empfindlich auf Veränderungen in ihrer Umgebung reagieren, und plötzliche Begegnungen können Stress oder sogar aggressive Reaktionen auslösen.

Beginnen Sie mit kurzen, kontrollierten Treffen, die es den Tieren ermöglichen, sich an die Anwesenheit und Gerüche des anderen zu gewöhnen, ohne direkten Kontakt zu erzwingen.

Training und Sozialisierung:

Stellen Sie sicher, dass sowohl das Pferd als auch die anderen Haustiere grundlegende Befehle verstehen und befolgen können, besonders wenn es darum geht, auf Distanz zu bleiben oder ruhig zu bleiben.

Dies ist besonders wichtig bei Hunden, da diese oft impulsiv reagieren können.

Ein gut trainierter Hund, der auf Kommandos wie „Sitz", „Bleib" oder „Komm" hört, ist einfacher zu managen und stellt ein geringeres Risiko für das Pferd und sich selbst dar.

Sicherheit für alle Tiere:

Überprüfen Sie den Zaun und die Stallungen auf Sicherheitslücken, die kleineren Haustieren das Eindringen in Pferdeboxen oder Paddocks ermöglichen könnten.

Pferde können in einem Moment der Panik oder Irritation schwere Verletzungen verursachen, selbst wenn keine böse Absicht besteht.

Tägliches Management und Interaktion

Fütterungszeiten:

Es ist ratsam, die Fütterungszeiten der Tiere zu trennen, um Futterneid oder Konkurrenz zu vermeiden.

Pferde und andere Haustiere sollten an separaten Plätzen gefüttert werden, um Konflikte und Stress zu vermeiden.

Gemeinsame Aktivitäten:

Unter Aufsicht können gemeinsame Aktivitäten wie Spaziergänge auf dem Hof oder in der Umgebung dazu beitragen, die Bindung zwischen den Tieren zu stärken.

Es ist jedoch wichtig, stets auf die Körpersprache und das Verhalten der Tiere zu achten und bei Anzeichen von Stress oder Unbehagen einzugreifen.

Gesundheitsüberwachung:

Achten Sie darauf, dass alle Tiere regelmäßig tierärztlich untersucht werden und frei von Parasiten sind, besonders, wenn sie den gleichen Lebensraum teilen.

Dies hilft, die Übertragung von Krankheiten zu verhindern und sicherzustellen, dass alle Tiere gesund bleiben.

Besondere Überlegungen für spezifische Tiere

Hunde:

Hunde sind wahrscheinlich die häufigsten Begleiter von Pferden und können großartige Stallkameraden sein.

Es ist wichtig, dass Hunde lernen, nicht hinter oder um die Pferde herumzurennen, da dies das Pferd erschrecken und zu gefährlichen Situationen führen kann.

Katzen:

Katzen und Pferde kommen oft gut miteinander aus. Katzen können Mäuse und andere Schädlinge in Scheunen oder Ställen jagen und helfen, das Gleichgewicht zu halten.
Stellen Sie jedoch sicher, dass die Katzen gesund sind und keine Krankheiten auf die Pferde übertragen können.

Nutztieren:

Schafe, Ziegen und sogar Hühner können sich oft mit Pferden anfreunden.

Wir vertragen uns!

Diese Tiere können ebenfalls von einer geselligen Atmosphäre profitieren und zur allgemeinen Stimmung in einer Scheune oder auf einer Weide beitragen.

Das Zusammenleben von Pferden mit anderen Haustieren kann eine freudige und harmonische Erfahrung sein, wenn es richtig gemanagt wird.

Durch sorgfältige Einführung, angemessenes Training und ständige Überwachung können Pferde und andere Haustiere sicher und gesund zusammenleben.

Dies bereichert nicht nur das Leben der Tiere, sondern auch das ihrer Besitzer.

DIE GRUNDLAGE FÜR EINFACH ALLES.

Die Grundlagen der Pferdernährung: Ein Leitfaden für gesunde Pferde

Die Ernährung spielt eine entscheidende Rolle für die Gesundheit und Leistungsfähigkeit von Pferden.

Ein ausgewogener Ernährungsplan berücksichtigt die Bedürfnisse des Pferdes in Bezug auf Alter, Gewicht, Aktivitätslevel, Rasse und Gesundheitszustand.

Hier werden die Grundlagen der Pferdernährung sowie spezifische Aspekte, die bei Araberpferden zu beachten sind, ausführlich behandelt.

Grundlagen der Pferdernährung

Raufutter:

Raufutter, wie Heu, Weidegras oder Heulage, bildet die Grundlage der Pferdefütterung.

Es liefert Ballaststoffe, die für eine gesunde Verdauung und eine stabile Darmflora unerlässlich sind. Idealerweise sollte Raufutter den Großteil der täglichen Ration eines Pferdes ausmachen.

Kraftfutter:

Kraftfutter, wie Getreide, Pellets oder Müsli, liefert zusätzliche Energie und Nährstoffe.

Die Menge und Art des Kraftfutters hängt von den individuellen Bedürfnissen des Pferdes sowie von seinem Aktivitätslevel ab.

Eine zu hohe Kraftfuttergabe kann jedoch zu Stoffwechselstörungen wie Hufrehe führen.

Mineralstoffe und Vitamine:

Mineralstoffe und Vitamine sind für die Gesundheit und Leistungsfähigkeit von Pferden unerlässlich.

Ein hochwertiges Mineralfutter oder spezielle Ergänzungsfuttermittel können sicherstellen, dass das Pferd alle notwendigen Nährstoffe erhält, insbesondere wenn das Raufutter nicht ausreichend ist oder eine unausgewogene Ernährung vorliegt.

Wasser:

Wasser ist für Pferde lebenswichtig und sollte immer in ausreichender Menge und Qualität zur Verfügung stehen.

Ein Pferd benötigt täglich etwa 20-30 Liter Wasser pro 100 kg Körpergewicht, je nach Temperatur, Aktivitätslevel und anderen Faktoren.

Besonderheiten bei der Fütterung von Araberpferden
Stoffwechselanfälligkeit:

Araberpferde neigen aufgrund ihres schnellen Stoffwechsels und ihrer genetischen Veranlagung zu Stoffwechselstörungen wie Hufrehe oder Insulinresistenz.

Daher ist eine moderate Fütterung mit begrenztem Zugang zu Weidegras oder frischem Gras wichtig, insbesondere für Pferde, die zu Übergewicht neigen.

Sensibilität gegenüber Getreide:

Einige Araberpferde können empfindlich auf Getreide reagieren und Verdauungsstörungen entwickeln.

Daher ist es ratsam, Getreide in der Fütterung von Araberpferden zu begrenzen oder ganz zu vermeiden und stattdessen auf alternative Energiequellen wie hochwertige Pellets, Luzerne oder faserreiche Futtermittel zurückzugreifen.

Bedarf an Bewegung und Aktivität:

Araberpferde sind oft energiegeladen und benötigen ausreichend Bewegung und Beschäftigung, um gesund und glücklich zu bleiben.

Regelmäßige Bewegung, sowohl auf der Weide als auch beim Reiten, trägt dazu bei, Überschussenergie abzubauen und die allgemeine Fitness zu fördern.

Eine ausgewogene und bedarfsgerechte Ernährung ist entscheidend für die Gesundheit und das Wohlbefinden von Pferden, einschließlich Araberpferden.

Indem man sich an die Grundlagen der Pferdernährung hält und gleichzeitig die spezifischen Bedürfnisse und Besonderheiten der Araberpferde berücksichtigt, kann man sicherstellen, dass sie die richtigen Nährstoffe erhalten, um gesund, glücklich und leistungsfähig zu bleiben.

Heuballen.

„Höre auf Dein Pferd und nicht auf das, was andere Menschen sagen…"

VERFASSER UNBEKANNT

SO SOLL DER ARABER SEIN.

Der Rassestandard des Araberpferdes ist ein detailliertes Dokument, das die ideale äußere Erscheinung und die charakteristischen Merkmale dieser faszinierenden Pferderasse beschreibt.

Dieser Standard dient als Leitfaden für Züchter, Richter und Liebhaber, um die Qualität und Reinheit der Araberpferde zu bewerten und zu erhalten.

Allgemeine Merkmale des Rassestandards:

Körperbau und Proportionen:

Araberpferde zeichnen sich durch einen edlen Kopf mit breiter Stirn, großen Augen und ausgeprägten Ganaschen aus.

Ihr Hals ist hoch aufgerichtet und elegant geschwungen, der Rücken kurz und stark, die Kruppe leicht abfallend und muskulös.

Die Beine sind schlank, trocken und gut bemuskelt, mit harten Hufen.

Gangarten:

Araberpferde besitzen elegante, schwebende Bewegungen mit hoher Aktion und viel Raumgriff.

Sie zeigen einen freien, fließenden Schritt, einen energischen Trab und einen ausdauernden Galopp.

Größe und Gewicht:

Araberpferde sind eher klein bis mittelgroß und haben eine durchschnittliche Widerristhöhe von 140 bis 160 cm.

Ihr Gewicht liegt im Bereich von 400 bis 550 kg, wobei Stuten tendenziell leichter sind als Hengste.

Fellfarben:

Araberpferde können eine Vielzahl von Farben aufweisen, darunter Schimmel, Braune, Füchse, Rappen und Schecken.

Weiße Abzeichen an den Beinen und im Gesicht sind erlaubt, solange sie nicht zu ausgeprägt sind.

Spezifische Merkmale des Rassestandards:

Kopf und Hals:

Der Kopf sollte klein, trocken und edel sein, mit einer breiten Stirn, großen, dunklen Augen und einem kleinen Maul.

Der Hals ist hoch angesetzt, gut aufgerichtet und leicht gebogen, mit einer feinen Kehle und gut definierten Ganaschen.

Körperbau:

Der Körper sollte kompakt und gut proportioniert sein, mit einer kurzen, starken Rückenlinie, einer gut bemuskelten Kruppe und einer tiefen Brust.

Die Schultern sind schräg und muskulös, um eine gute Beweglichkeit zu ermöglichen.

Beine und Hufe:

Die Beine sollten gerade und trocken sein, mit gut definierten Gelenken und kräftigen Sehnen.

Die Hufe sind hart, rund und gut geformt, mit einer starken Hornqualität und einer gesunden Hufsohle.

Bewegung:

Araberpferde zeigen eine hohe, stolze Haltung und einen schwebenden, raumgreifenden Gang.

Ihr Trab ist federnd und elastisch, der Galopp fließend und ausdauernd, und ihr Schritt ist energisch und zielstrebig.

Interpretation und Anwendung des Rassestandards:

Der Rassestandard des Araberpferdes dient als Richtlinie für die Beurteilung und Bewertung von Pferden auf Zuchtschauen, Ausstellungen und Wettkämpfen.

Züchter streben danach, Pferde zu züchten, die dem Ideal des Rassestandards entsprechen, um die Reinheit der Rasse zu bewahren und die Qualität ihrer Zuchtprogramme zu verbessern.

Richter verwenden den Rassestandard als Referenz, um die besten Vertreter der Rasse zu identifizieren und zu prämieren.

Insgesamt ist der Rassestandard des Araberpferdes ein wichtiges Instrument für die Erhaltung und Förderung dieser einzigartigen und edlen Pferderasse, die seit Jahrhunderten die Bewunderung von Pferdeliebhabern auf der ganzen Welt gewonnen hat.

Ein hübsches Tier!

„Das Vertrauen eines Pferdes kann man nicht kaufen –
man muss es sich verdienen!"

VERFASSER UNBEKANNT

DIE ZUCHT UND DIE ZUCHTMETHODEN VON ARABERPFERDEN

Die Zucht von Araberpferden ist eine kunstvolle und anspruchsvolle Aufgabe, die ein tiefes Verständnis von Genetik, Vererbung und Zuchtmethoden erfordert. Araberpferde sind bekannt für ihre Eleganz, Ausdauer und Intelligenz, und die Zuchtprogramme weltweit zielen darauf ab, diese Merkmale zu bewahren und zu verbessern.

Auswahlkriterien für Zuchttiere

Die Auswahl der richtigen Zuchttiere ist entscheidend für den Erfolg eines Zuchtprogramms. Züchter müssen eine Vielzahl von Faktoren berücksichtigen, um sicherzustellen, dass die besten Eigenschaften der Rasse erhalten und weitergegeben werden.

Körperbau und Konformation:

Araberpferde sollten einen harmonischen und ausgewogenen Körperbau aufweisen. Wichtige Merkmale sind ein edler Kopf mit großen Augen und kleinen, feinen Ohren, ein gebogener Hals, eine tiefe Brust, ein kurzer Rücken und gut bemuskelte Hinterhand. Die Beine sollten korrekt gestellt und stark sein, um eine lange Lebensdauer und Belastbarkeit zu gewährleisten.

Gangarten und Bewegungen:

Die Bewegungen eines Araberpferdes sollten leicht, elastisch und raumgreifend sein. Eine gute Aktion in den Vorderbeinen und eine kräftige Schubkraft aus der Hinterhand sind erwünscht. Diese Merkmale sind nicht nur für den ästhetischen Wert, sondern auch für die Leistung in verschiedenen Disziplinen wichtig.

Temperament und Charakter:

Araberpferde sind für ihr freundliches, intelligentes und kooperatives Wesen bekannt. Zuchttiere sollten ein ausgeglichenes Temperament haben und leicht trainierbar sein. Ein ruhiger und dennoch energischer Charakter ist ideal, um die Vielseitigkeit der Rasse zu fördern.

Gesundheit und Langlebigkeit:

Nur gesunde Tiere ohne Erbkrankheiten oder genetische Defekte sollten zur Zucht verwendet werden. Regelmäßige tierärztliche Untersuchungen und genetische Tests sind notwendig, um die Gesundheit der Zuchtlinien sicherzustellen.

Leistungsfähigkeit:

Zuchttiere sollten entweder selbst in sportlichen Wettbewerben erfolgreich gewesen sein oder aus leistungsstarken Linien stammen. Dies gewährleistet, dass die Nachkommen die körperlichen und mentalen Fähigkeiten besitzen, um in verschiedenen Reitsportdisziplinen erfolgreich zu sein.

Genetik und Vererbung

Die Genetik spielt eine entscheidende Rolle in der Pferdezucht, und ein grundlegendes Verständnis der Vererbungsmechanismen ist für

Züchter unerlässlich.

Grundlagen der Genetik:

Die Vererbung bei Pferden basiert auf der Übertragung von Genen von den Eltern auf die Nachkommen. Jedes Pferd hat zwei Sätze von Chromosomen, einen von jedem Elternteil, die die Gene tragen. Diese Gene bestimmen die physischen Merkmale und Eigenschaften des Pferdes.

Dominante und rezessive Gene:

Einige Gene sind dominant, was bedeutet, dass sie die Eigenschaften des Pferdes bestimmen, selbst wenn nur ein Elternteil dieses Gen trägt. Rezessive Gene treten nur dann in Erscheinung, wenn beide Elternteile das Gen tragen. Züchter müssen die Genkombinationen sorgfältig planen, um unerwünschte Merkmale zu vermeiden.

Polygenetische Vererbung:

Viele Eigenschaften, wie Größe, Konformation und Bewegungsabläufe, werden durch mehrere Gene beeinflusst. Diese polygenetischen Merkmale machen die Zucht komplex und erfordern eine sorgfältige Auswahl und Planung.

Genetische Tests:

Moderne genetische Tests ermöglichen es Züchtern, Träger von Erbkrankheiten zu identifizieren und zu vermeiden. Tests auf bekannte genetische Defekte wie das Severe Combined Immunodeficiency (SCID) und das Lavender Foal Syndrome (LFS) sind unerlässlich.

Internationale Zuchtprogramme und Organisationen

Die Zucht von Araberpferden wird durch eine Vielzahl von internationalen Organisationen und Zuchtprogrammen unterstützt, die hohe Standards und bewährte Praktiken fördern.

World Arabian Horse Organization (WAHO):

WAHO ist eine der bedeutendsten internationalen Organisationen für Araberpferde. Sie setzt globale Standards für die Zucht und Registrierung von Araberpferden und fördert den Austausch von Wissen und genetischem Material zwischen Züchtern weltweit.

European Conference of Arab Horse Organizations (ECAHO):

ECAHO organisiert und reguliert die wichtigsten europäischen Schauen und Wettbewerbe für Araberpferde. Die Organisation fördert hohe Zuchtstandards und unterstützt Züchter durch Bildungsprogramme und Veranstaltungen.

Arabian Horse Association (AHA):

Die AHA ist eine führende Organisation in Nordamerika, die sich der Förderung und dem Schutz der Araberpferde widmet. Sie bietet umfangreiche Ressourcen und Unterstützung für Züchter, darunter genetische Tests, Zuchtberatungen und Registrierungsdienste.

Zuchtprogramme:

Viele Länder haben nationale Zuchtprogramme, die durch staatliche oder private Organisationen unterstützt werden. Diese Programme bieten oft finanzielle Anreize, Bildungsangebote und technische Unterstützung für Züchter.

Schauen und Wettbewerbe:

Internationale Schauen und Wettbewerbe bieten Züchtern die Möglichkeit, ihre Pferde zu präsentieren und die Qualität ihrer Zuchtprogramme zu demonstrieren. Diese Veranstaltungen sind auch wichtig für den Austausch genetischen Materials und die Förderung der besten Zuchtpraktiken.

Fazit

Die Zucht von Araberpferden ist eine anspruchsvolle und lohnende Aufgabe, die fundiertes Wissen über Genetik, Vererbung und Zuchtmethoden erfordert.

Durch sorgfältige Auswahl der Zuchttiere, Anwendung genetischer Tests und Teilnahme an internationalen Zuchtprogrammen können Züchter dazu beitragen, die einzigartigen Merkmale und die hohe Qualität dieser edlen Rasse zu bewahren und zu verbessern.

Die Zusammenarbeit mit internationalen Organisationen und die Teilnahme an Schauen und Wettbewerben fördern den Austausch von Wissen und genetischem Material, was letztendlich zur Stärkung und Weiterentwicklung der Araberpferdezucht weltweit beiträgt.

BERÜHMTE ARABERPFERDE UND IHRE GESCHICHTEN

Araberpferde sind seit Jahrhunderten für ihre Schönheit, Ausdauer und Intelligenz bekannt. Sie haben die Pferdezucht weltweit beeinflusst und viele bemerkenswerte Geschichten hinterlassen.

Historische und moderne Legenden
1. Godolphin Arabian

Hintergrund: Der Godolphin Arabian, geboren um 1724, ist einer der Gründerväter des Englischen Vollbluts. Er wurde von Francis Godolphin, dem 2. Earl of Godolphin, nach England gebracht.

Bedeutung: Godolphin Arabian ist einer der drei Gründungshengste der

Englischen Vollblutzucht, zusammen mit Byerley Turk und Darley Arabian.

Seine Nachkommen dominierten die Rennbahnen und trugen maßgeblich zur Entwicklung des modernen Rennpferdes bei.

Legende: Laut einer Legende wurde der Godolphin Arabian als Geschenk vom Bey von Tunis an den König von Frankreich gegeben, aber wenig geschätzt und schließlich nach England gebracht, wo er seine beeindruckende Zuchtkarriere begann.

2. Marengo

Hintergrund: Marengo war das berühmte Araberpferd von Napoleon Bonaparte. Er wurde um 1793 in Ägypten geboren und diente Napoleon in mehreren bedeutenden Schlachten.

Bedeutung: Marengo wurde nach der Schlacht von Marengo benannt, in der er Napoleon zum Sieg trug. Er begleitete Napoleon auch in der Schlacht von Austerlitz und der Schlacht von Waterloo.

Legende: Marengo soll Verletzungen in mehreren Schlachten überlebt haben und wurde schließlich von den Briten gefangen genommen. Sein Skelett ist heute im National Army Museum in London ausgestellt.

3. Cass Ole

Hintergrund: Cass Ole war ein schwarzer Araberhengst, der durch seine Rolle in den Filmen „Der schwarze Hengst" und „Der schwarze Hengst kehrt zurück" Berühmtheit erlangte.

Bedeutung: Cass Ole wurde zu einem Symbol für die Schönheit und Intelligenz der Araberpferde.

Er spielte in den Filmen die Rolle des Black, einem wilden Hengst, der eine tiefe Bindung zu einem Jungen namens Alec entwickelt.

Legende: Cass Ole wurde für seine Schönheit und seine Fähigkeit, komplexe Tricks auszuführen, geschätzt. Er blieb bis zu seinem Tod ein populäres und geliebtes Pferd.

Einflussreiche Zuchtlinien und Blutlinien
1. Crabbet Park Stud

Hintergrund: Das Crabbet Park Stud wurde Ende des 19. Jahrhunderts von Wilfrid und Lady Anne Blunt in England gegründet. Es spielte eine zentrale Rolle in der Entwicklung der modernen Araberpferdezucht.

Bedeutung: Die Blunts importierten erstklassige Araberpferde direkt aus der Wüste und legten den Grundstein für viele moderne Araberpferde weltweit. Crabbet-Pferde sind für ihre Schönheit, Ausdauer und Leistungsfähigkeit bekannt.

Blutlinien: Crabbet-Linien sind in vielen modernen Araberpferden vertreten und haben die Zucht weltweit beeinflusst. Namen wie Mesaoud und Nazeer sind eng mit Crabbet verbunden und haben die Rasse nachhaltig geprägt.

2. Al Khamsa

Hintergrund: Al Khamsa ist eine Organisation, die sich der Erhaltung der reinrassigen arabischen Pferde widmet, die direkt auf die Beduinenzucht zurückgehen.

Bedeutung: Diese Blutlinien werden sorgfältig bewahrt, um die ursprünglichen Eigenschaften und die Reinheit der Rasse zu erhalten. Al Khamsa-Araber sind für ihre Authentizität und ihre traditionellen Merkmale bekannt.

Blutlinien: Die Organisation fördert die Zucht von Pferden, die auf alte Beduinenlinien zurückgehen, wie zum Beispiel die von Abbas Pasha und Ali Pasha Sherif gezüchteten Pferde.

3. Egyptian Arabian

Hintergrund: Ägyptische Araberpferde sind eine der bekanntesten und begehrtesten Blutlinien weltweit. Sie sind bekannt für ihre edlen Köpfe, ausdrucksstarken Augen und geschwungenen Hälse.

Bedeutung: Diese Blutlinien wurden durch die Bemühungen von Züchtern wie Abbas Pasha und dem Königlichen Gestüt in Ägypten bewahrt und verfeinert.

Blutlinien: Namen wie Nazeer, ein legendärer ägyptischer Hengst, sind in vielen modernen ägyptischen Arabern präsent und haben die Zucht weltweit beeinflusst.

Berühmte Besitzer und ihre Araberpferde
1. Lady Anne Blunt

Hintergrund: Lady Anne Blunt, die Gründerin des Crabbet Park Stud, war eine herausragende Persönlichkeit in der Geschichte der Araberpferde. Sie reiste mehrfach in den Nahen Osten, um die besten Pferde zu erwerben.

Bedeutung: Ihre Hingabe und ihr Wissen trugen erheblich zur Entwicklung der modernen Araberpferdezucht bei. Crabbet-Pferde sind heute weltweit bekannt und geschätzt.

Pferde: Lady Anne importierte bedeutende Pferde wie Mesaoud und Sobha, die zu den Grundsteinen der Crabbet-Zucht wurden.

2. Homer Davenport

Hintergrund: Homer Davenport war ein US-amerikanischer Journalist und Karikaturist, der sich leidenschaftlich für Araberpferde einsetzte und einige der besten Pferde aus dem Nahen Osten importierte.

Bedeutung: Seine Importe trugen zur Entwicklung der Araberpferdezucht in den USA bei und halfen, die Rasse in Nordamerika zu etablieren.

Pferde: Davenport importierte berühmte Pferde wie Haleb und *Abeyah, die zu den Gründungstieren vieler amerikanischer Zuchtlinien wurden.

3. Sheila Varian

Hintergrund: Sheila Varian war eine bedeutende amerikanische Araberpferdezüchterin, die Varian Arabians gründete und sich einen Namen durch ihre hervorragenden Zuchtpferde und ihre Erfolge im Westernreiten machte.

Bedeutung: Varian Arabians hat die amerikanische Araberpferdezucht maßgeblich geprägt und zahlreiche preisgekrönte Pferde hervorgebracht.

Pferde: Sheila Varian züchtete berühmte Pferde wie Bay-Abi und Huckleberry Bey, die große Erfolge im Showring erzielten und einen nachhaltigen Einfluss auf die Zucht.

HIER FINDEN SIE DIE ECHTEN FACHLEUTE.

Rassezuchtvereine.

Züchter sind in Rassezuchtvereinen organisiert, die strenge Zuchtregeln einhalten.

Die Adressen solcher Vereine erhalten Sie bei den nationalen und internationalen Dachverbänden:

World Arabian Horse Organization (WAHO):

Die WAHO setzt globale Standards für die Zucht und Registrierung von Araberpferden.

Arabian Horse Association (AHA):

Diese Organisation bietet umfangreiche Ressourcen und Unterstützung für Züchter in Nordamerika. Besuchen Sie die AHA-Website für detaillierte Informationen.

European Conference of Arab Horse Organizations (ECAHO):

ECAHO organisiert die wichtigsten europäischen Schauen und Wettbewerbe für Araberpferde. Ihre Website enthält nützliche Kontaktinformationen und Ressourcen für Züchter und Käufer.

Diese Verbände stellen sicher, dass die Züchter die höchsten Standards einhalten und gewährleisten, dass die Pferde gesund und reinrassig sind.

In Deutschland verzeichnet der VZAP die Betreuung der Rasse, die Kontaktdaten gibt es hier:

Verband der Züchter und Freunde des Arabischen Pferdes e.V.
Im Kanaleck 10
D-30926 Seelze OT Lohnde
info@vzap.org
www.vzap.org

TASSO e.V. und FindeFix sind zwei führende Organisationen in Deutschland, die sich auf die Registrierung und das Auffinden verlorener Haustiere spezialisieren.

Beide bieten wertvolle Dienstleistungen an, um vermisste Tiere wieder mit ihren Besitzern zu vereinen, und ergänzen sich in ihren Bemühungen, das Wohlergehen von Haustieren zu fördern.

TASSO e.V.

TASSO e.V. ist Europas größtes Haustierregister mit Millionen registrierter Tiere. Die Organisation bietet einen kostenlosen Service zur Registrierung von Haustieren, die mit einem Mikrochip oder einer Tätowierung gekennzeichnet sind.

TASSO arbeitet daran, verlorene Tiere zu identifizieren und sie sicher zu ihren Besitzern zurückzubringen. Dies wird durch eine umfangreiche Datenbank ermöglicht, in der die Identifikationsnummern der Mikrochips oder Tätowierungen zusammen mit den Kontaktdaten der Besitzer gespeichert sind.

Zusätzlich bietet TASSO einen 24-Stunden-Notfall-Service, eine verlorene-und-gefundene-Datenbank und verschiedene Informationskampagnen zum Thema Tierregistrierung und -schutz.

FindeFix - Das Haustierregister des Deutschen Tierschutzbundes

FindeFix ist eine Initiative des Deutschen Tierschutzbundes und dient ebenfalls der Registrierung von Haustieren, vor allem von Hunden und Katzen, aber auch **Pferde**.

Ähnlich wie TASSO verwendet auch FindeFix die Mikrochip-Technologie, um verlorene Haustiere zu identifizieren und zu ihren Besitzern zurückzuführen.

Die Registrierung bei FindeFix ist ebenfalls kostenlos.

Neben der zentralen Registrierungsdienstleistung bietet FindeFix Informationen und Unterstützung für Haustierbesitzer, darunter Ratschläge für den Fall des Verlusts eines Haustieres.

Zusammenfassung und Bedeutung

Sowohl TASSO als auch FindeFix spielen eine entscheidende Rolle im Tier-

schutz in Deutschland.
Durch die Bereitstellung von Registrierungs- und Rückführungsdiensten tragen sie dazu bei, die Sicherheit von Haustieren zu erhöhen und das Leid von verlorenen Tieren und ihren Besitzern zu verringern.

Die Registrierung bei solchen Organisationen ist ein wichtiger Schritt für verantwortungsbewusste Haustierbesitzer. Sie erhöht die Wahrscheinlichkeit, dass ein verlorenes Tier schnell und sicher nach Hause zurückkehrt.

Diese Organisationen ergänzen die Arbeit von lokalen Tierheimen und Tierschutzvereinen und bilden ein wichtiges Netzwerk zum Schutz und zur Fürsorge für Haustiere.

Die Dienste von TASSO und FindeFix sind beispielhaft für moderne Ansätze im Tierschutz und in der Tierregistrierung, die darauf abzielen, das Wohlergehen von Haustieren zu gewährleisten und die Bindung zwischen Tieren und ihren Besitzern zu stärken.

HAT IHNEN DIESES BUCH GEFALLEN?

Hallo zum Schluß, liebe Leserin und lieber Leser!

Wenn Sie mein Buch vom Anfang bis hier her gelesen haben, waren das jetzt gut 150 Seiten, die Sie studiert und mir dabei erlaubt haben, Sie dabei zu begleiten. Das macht mich unglaublich stolz und ich hoffe, Sie hatten Spaß beim Lesen und konnten wichtige Informationen für Sie ganz persönlich umsetzen.

Natürlich hätte ich dieses Buch niemals alleine herausgeben können, ein fleissiges und total Pferde verrücktes Team hat mir bei vielen Dingen wie den Fotos, dem Layout, der Grafik und vielem mehr geholfen - es handelt sich also um das Ergebnis einer einzigartigen und freundschaftlichen Teamarbeit.

Wenn Ihnen etwas nicht gefallen hat, schreiben Sie mir doch bitte und lassen es mich wissen: melanie.wippert@catanddogbooks.com

Und wenn Ihnen die letzten gut 150 Seiten eine angenehme, kurzweilige Zeit beschert haben und meine Tipps Ihnen helfen konnten, empfehlen Sie dieses Buch doch bitte weiter. Ich freue mich über jede einzelne neue Leserin und jeden einzelnen neuen Leser!

Erlauben Sie mir eine kleine Bitte zum Schluß: Wenn Ihre Zeit es zulässt, hinterlassen Sie doch bitte eine nette Rezension auf amazon oder dort, wo Sie es gekauft haben, für dieses Buch. Wir freien Autoren haben keinen mächtigen Großverlag hinter uns. Um auf dem großen Buchmarkt bestehen zu können, sind es vor allem die Rezensionen bei amazon + Co., die den „kleinen" Schreibern und dem Team im Hintergrund helfen.

Auch ein Posting in den sozialen Netzwerken wäre natürlich toll!

Dafür danke ich Ihnen ganz herzlich!

Alles Gute für Sie und Ihr Pferd,

Ihre Melanie Wippert & Team!

INDEX